鹿鸣心理

U0724906

种子奇旅：

中小学积极心理教育课程

主　编◇李章红　陈　玲
副主编◇段　宇　余姝伶

重庆大学出版社

编委会

推荐序

　　积极心理学是一门研究使个人和社区蓬勃发展的科学。目前，积极心理学在我国的引入和推广时间并不长，尤其缺乏实践应用中的成功例证。近十年来，为了填补空白，清华大学社会科学学院积极心理学研究中心在彭凯平教授的带领下，分别开展了多项积极教育项目。通过总结中国积极教育的实践经验，提出了"六大模块和两大系统"的积极教育模型，得到了一线教师的普遍认可。

　　在当前"双减"的背景下，积极心理学在教育领域的应用显得更加重要，如何帮助中小学生提升自信心、如何改善青少年人际关系、如何培养中小学生成长型思维、怎样减少中小学生的焦虑与抑郁症状等，都是值得深入探讨的问题。

　　李章红老师团队的新书《种子奇旅：中小学积极心理教育课程》正是运用和传播积极心理教育理论的优秀实践成果。李章红老师团队不仅结合积极教育的"六大模块"进行系统性的课程设计，还期望可以种下一颗有灵魂的种子，丰富种子的生命故事。本书不仅是适合中小学专职或兼职心理健康教师使用的积极心理教育课程，也是适用于中小学班主任班会课的好课程。李章红老师团队在以往心理健康活动方案设计和实操的基础上，采取了更加有理论和逻辑体系的定位，将理论性、结构性、生动性有机结合，使本书包含了很多全新内容，既体现了积极心理学在中小学心理健康教育中的运用，同时也创新出了很多心理健康课、主题班会课的实施路径，使得本书更具学习性和可操作性，能够极大地帮助到心理健康教育工作者及班主任老师。

李章红老师在中小学从事教育工作三十多年，是重庆市心理健康教育学科带头人，是重庆市心理危机干预专家组成员，对推动心理健康教育和积极心理学的应用非常用心，她带领的团队完成了本书的编写。本书很有价值和意义，丰富了中小学积极心理教育的成果。期待未来有更多的人可以加入积极心理学的研究和应用中。

特为本书作短序如上。

清华大学社会科学学院积极心理学研究中心主任：孙小帆

2024 年 2 月 8 日

前　言

　　教育部办公厅《关于加强学生心理健康管理工作的通知》提出要大力培育学生积极心理品质。《全面加强和改进新时代学生心理健康工作专项行动计划（2023—2025 年）》强调要培育学生热爱生活、珍视生命、自尊自信、理性平和、乐观向上的心理品质和不懈奋斗、荣辱不惊、百折不挠的意志品质。塞利格曼等人（2000）认为积极心理品质即积极的、有利于个体积极发展和主观幸福感的、利他的、受到社会肯定的心理品质与人格特质。美国临床干预研究发现，积极心理品质培养能够有效地提高幸福感，减少抑郁的症状。孟万金基于积极心理学的理论提出了积极心理健康教育的理念，他主张从积极的视角发现并解读问题的积极方面，通过积极的途径培育积极的品质，凭借积极的过程提供积极的情感体验，使用积极的反馈强化积极的效果，塑造积极的态度获得积极的人生，并且指明积极心理健康教育内容的重点是积极心理品质教育。

　　种子经历生根、发芽、长叶、开花和结果，最后枯萎而败，从而拥有一个完整的"人生"。人的生命以一个细胞即受精卵发育为起点，一生要经历出生、生长发育、生殖、死

1

亡等生长时期。每一颗种子的生长都是独特的，根有根的深浅，叶有叶的精彩，花有花的妩媚，果有果的营养。在生命历程中会经历酸甜苦辣、风雨雷电、阳光雨露、鸟语花香，感受人情冷暖、得失成败，体验亲情、友情、爱情等不一样的温情。一颗有生命、有灵魂的种子从这里启航，尽享人生的丰富旅程，看人间繁华、品世态炎凉、知人生无常与尝甘甜芬芳，让生命在体验与感悟中腾飞，让灵魂在相交与相爱中升华。

本书基于塞利格曼的"积极心理学"理论和埃里克森的人格发展理论，融合有灵魂种子成长的幸福之路，串连成一个完整的生命故事。通过了解种子——人的生命发展规律，将每一次丰富的生命体验借用大自然的神奇视角，融合到中小学积极心理教育课程中。

全书总体思路根据积极心理学六个维度进行分类，全书共分为六篇，第一篇为积极自我，通过观察种子的模样、倾听种子的声音和探索种子的梦想，引导学生认识自我，觉察自我，关注自己的内在力量，培养自尊、自信和自我价值感，让学生认识到自己的潜力和无限可能性。第二篇为积极情绪，通过探寻光亮、扎根土壤和吸收养分，引导学生关注生活中的美好和快乐，通过与大自然的连接，培养学生的积极思维和乐观精神，让他们学会调节情绪，保持平和的心态。第三篇为积极关系，通过花与风的故事、花与花的交流、花与叶的温暖，借助花、叶等元素引导学生学会换位思考，学会尊重、理解和支持他人，从而建立积极的人际关系，提升爱的能力。第四篇为积极意义，通过讲述根的初心、干的信心和叶的恒心，引导学生思考生命的意义和价值，鼓励他们树立远大的理想和目标，追求有意义的人生。第五篇为积极投入，通过叶的长青、花的芬芳和果的香甜，借助大自然的多样性和神秘性，激发学生的好奇心和探索精神，鼓励他们全身心且负责任地投入学习和生活中，不断挑战自己、超越自己和奉献自己。第六篇为积极成就，通过狂风中的坚持、暴雨中的坚韧、阳光中的陶醉，借助狂风、暴雨等元素，引导学生理解成功的真谛，提升抗压力、适应力和合作力，在学习和生活中不断取得进步和获得成就感。

本书课程编写体例由活动理念、活动目标、活动重难点、活动准备、活动对象、活动过程、板书设计、活动反思和资料附录组成，其中活动过程分为暖身阶段、转换阶段、工作阶段和结束阶段。活动理念按照三步式撰写，首先是本学段学生心理发展特点分析；其次是本课程设计心理学理论支撑；最后是本节课设计思路与原因。活动目标按照认知目标、情感目标和行为目标来撰写。活动准备考虑教师准备、学生准备和场地准备等内容。暖身阶段主要是激情引趣，建立安全氛围，与学生建立良好的关系，激起学生参与的兴趣并引入本节课的主题。转换阶段主要是在更好地融洽与学生关系的基础上初步凸显本课的目标，进行现象探索，呈现问题、矛盾或冲突。工作阶段主要是深度达成本节课的目标，促成思维策略、情绪情感和行为训练。结束阶段主要是形成整合，反思分享、内化迁移的结束总结。活动反思主要是对本节课活动目标的达成、活动内容的适切性、活动实施过程、教师表现、学生反应及活动效果等进行再认识、再思考，总结经验教训以期进一步提高教育教学水平。同时，本书每一课都有团队成员精心设计的配套PPT资源，供老师们授课使用。

本书由李章红、陈玲任主编，段宇、余姝伶任副主编，负责全书章节、体例设计。由李章红、段宇完成收集稿件、组织会议、编写样章等工作。书稿撰写完成后，由李章红最终审定。本书的出版是集体智慧的结晶，参与编写人员还有：李瑛、梁琴、张园莉、张亮、盛兴兰、陈红、唐敏、易沁、张春燕、蒋丽娟、杨益梅、王露、李平、李远碧、卿委、余海波、王惠冰、冯然、周亚宁。

自从事心理健康教育工作以来，我就梦想着编写一本专兼职心理健康教师和班主任可直接参考使用的书，一本有生动生命故事又可操作的课程资料。也许梦就是因为有想才成为梦想，而梦想的实现却是因为生命的神奇之旅和幸运贵人。感谢陆军军医大学医学心理系冯正直教授的悉心指导，感谢西南大学汤永隆教授的倾心相授，感谢重庆师范大学胡朝兵导师的真心教导，感谢沙坪坝区教师进修学院麦莉老师、永川北山中学校陈红师妹的爱心支持，感谢家人与朋友对我的关爱与理解，更要感谢利用无数休息时间思考耕作的伙伴们！"滴水不成海，独木难成林。"正是因为在多舛生命的路上，偶遇生命的滋养，汇聚你我他的神奇力量，才让历经风霜的种子生长出智慧的光芒。

　　本书历时两年多，组织心理方案设计培训；自选主题尝试设计；分组进行试讲；修正方案设计；请专家进行专题培训；明确主题设计并试讲；完成体系课程设计。编写过程中我们查看各类心理学书籍、文献和资料，结合当地中小学生积极心理品质现状与心理健康水平特点，希望开发有特色的创新培育方法，设计培养中小学积极心理品质课程内容，实现课堂目标、提升中小学生心理健康素养与培育学生积极心理品质有效结合，促进中小学生健康幸福成长。本书在我们团队成员的努力下，对专兼职心理健康教师和班主任培育中小学生积极心理品质具有很强的借鉴意义，但由于团队成员专业背景和从事心理健康工作经验的限制，本书仍然有很多不完善之处，恳请广大读者朋友使用时自行增减内容并提宝贵意见。最后，希望有更多的心理健康教育工作者与我们携手共进，共同为中小学心理健康贡献自己的力量，共助学生健康幸福成长。

李章红

2024 年 2 月 6 日于重庆荣昌

目 录
CONTENTS

第一篇　积极自我 / 1

　　第一章　种子的模样：认识自我 / 2

　　第二章　种子的模样：给真我一面旗帜 / 7

　　第三章　种子的声音：悦纳自我 / 18

　　第四章　种子的声音：自信心 / 24

　　第五章　种子的梦想：发展自我（小学中段）/ 29

　　第六章　种子的梦想：发展自我（小学高段）/ 34

第二篇　积极情绪 / 39

　　第一章　探寻光亮：给"怒怒"降降温 / 40

　　第二章　探寻光亮：寻找消极情绪的积极力量 / 46

　　第三章　扎根土壤：成长型思维 / 52

　　第四章　吸收养分：我的快乐密码 / 60

第三篇　积极关系 / 67

　　第一章　花与风的故事：换位思考 / 68

　　第二章　花与花的交流：人际和谐 / 75

　　第三章　花与花的交流：用沟通架起友谊的桥梁 / 81

　　第四章　花与花的交流：与你同行，探秘沟通 / 90

第五章　花与花的交流：我的社交宝典 / 96

第六章　花与叶的温暖：花开会有时 / 103

第七章　花与叶的温暖：爱的能力 / 110

第四篇　积极意义 / 115

第一章　根的初心：梦想与计划 / 116

第二章　干的信心：目标价值观 / 122

第三章　叶的恒心：我的生命之树 / 128

第四章　叶的恒心：探寻生命的意义 / 134

第五篇　积极投入 / 141

第一章　叶的长青：我的学习发动机 / 142

第二章　叶的长青：调动中学生学习动力 / 148

第三章　花的芬芳：让友谊之花绽放 / 153

第四章　果的香甜：我为我负责 / 160

第六篇　积极成就 / 167

第一章　狂风中的坚持：你好，压力！/ 168

第二章　狂风中的坚持：抗压力 / 174

第三章　暴雨中的坚韧：适应力 / 181

第四章　阳光中的陶醉：合作力（中学）/ 185

第五章　阳光中的陶醉：合作力（小学）/ 189

第一篇　积极自我

认识自我是开启有意义人生的第一步，是整合与完善生命的源头。积极是指正面、进步、主动和努力；自我是自己对自己主、客观的认识，包括看法和评价。积极自我是指个体能够从正面、进步和发展的角度看待自己，相信自己有能力去主动探索、学习和应对困难。积极自我强调对个体的思想、感情和行为有正面的影响和指引，能够自我肯定和自我欣赏，激发自己的潜能、动力和激励自己努力。

积极自我是能够多角度看待自己，既看到自己的不足与弱势，更能接纳自己的优缺点和努力从积极发展的视角看待自己。总之，积极自我是一种积极向上、充满活力和自信的心态，能够帮助个体更好地应对挑战和困难，实现自我价值和目标。

本篇包括种子的模样、种子的声音和种子的梦想三节，由一颗有灵魂的种子开启自我探索的起始之旅，好似婴儿刚出生，开始慢慢地认识自己，通过与外界的接触感知自己，通过环境和他人认识自己，也通过自己认识身边的一切。在摸索的过程中，带着与生俱来的主动性、积极性和力量观察自己，悦纳自己和发展自己。

第一章　种子的模样：认识自我

◎ **活动理念**

认识自我是个体对自我的觉察和认识，它影响着个体的自我评价和自我发展。《中小学心理健康教育指导纲要（2012 年修订）》指出，心理健康教育的具体目标是：使学生学会学习和生活，正确认识自我，提高自主自助和自我教育的能力，增强调控情绪、承受挫折、适应环境的能力，培养学生健全的人格和良好的个性心理品质；对有心理困扰或心理问题的学生，进行科学有效的心理辅导，及时给予必要的危机干预，提高其心理健康水平。积极心理学认为，当一个人更多地关注自身积极的部分，他本身也会变得更加积极和乐观。

小学中高年级学生处于步入青春期的年龄，他们的生理和心理都开始发生明显变化，自我意识明显增强。为此，本次辅导利用种子寓意初生的他们，引导学生全面、客观地认识自己，关注自我积极特征，增强自信心，对自己的未来有所期待，有利于其健康个性和健康心理的养成。

◎ **活动目标**

1.认知目标：通过活动体验，从生理、心理和社会三个方面认识自我。

2.情感目标：在活动互动中感受积极情绪。

3.行为目标：通过活动，根据理想的自己对现在的自己进行"美化"。

◎ **活动重难点**

1.通过课堂活动，从生理、心理和社会三个方面认识自我。

2.欣赏自己，以积极的心态发展自己，面向未来。

◎ 活动准备

若干颗任意种子、学习单、彩笔、签字笔，学生6人或8人一组。

◎ 活动对象

小学中高年级学生

◎ 活动过程

一、暖身阶段

> **活动："种子"来现身**

1. 时间：5分钟。

2. 准备：每一组准备一颗种子，学生6人或8人一组。

3. 活动方法：

（1）观察、比较和讨论种子的特点。

（2）分享：

①你能说出种子的什么特点？

②你可以从哪些角度来观察种子？

4. 小结：我们可以从颜色、大小、形状、质地和种类等认识种子。每个人都像一颗种子，我们也可以从不同的角度来认识自己。

【设计意图】通过活动，建立良好的团体关系。同时激发学生的兴趣，吸引学生的注意力，引导学生从不同角度认识自己，从而引入课题。

二、转换阶段

> **活动："种子"会分身**

1. 时间：8分钟。

2. 准备：学习单、签字笔。

3. 活动方法：

（1）学生在学习单上对应位置写出自己的生理、心理和社会特点；

（2）在自己喜欢的特征旁用签字笔画上小五角星；

（3）分享。

4.小结：我们从生理、心理、社会角度认识了自己，也看到了自己闪闪发光的地方。

【设计意图】通过活动，引导学生积极地从生理、心理和社会三个方面认识自我，欣赏自己。

三、工作阶段

活动一："种子"面对面

1.时间：10分钟。

2.准备：学习单、彩笔，2人一组。

3.活动方法：

（1）2人一组，在对方的种子图中，用彩笔在自己了解并欣赏的特征旁画小五角星；

（2）分享同伴对自己的认识和欣赏。

4.小结：通过种子图，我们看到了现在的自己，在生理、心理、社会特征中，有我们喜欢的，也有他人欣赏的，感受到现在的自己真棒。

【设计意图】通过活动，引导学生从他人眼中认识自己，欣赏自己，增强自信心。

活动二："种子"换新颜

1.时间：12分钟。

2.准备：学习单、彩笔。

3.活动方法：

（1）增加或改变一个特征；

（2）用自己喜欢的颜色勾画种子的模样；

（3）分享自己（"种子"）的未来新颜图。

4.小结：在未来"种子"图中，我们看到了更好的自己，看到了美好的未来。

【设计意图】通过"种子"换新颜的活动，学生根据理想"我"对现实"我"进行美化，引导他们用积极的心态面对未来。

四、结束阶段

活动："种子"心感悟

1. 时间：5 分钟。

2. 分享：活动感悟。

3. 小结：每颗种子都在不断地成长和变化，我们需要不断地正确认识自我，以更好地完善自我，从而长出苗壮的干，开出美丽的花。

【设计意图】通过分享感悟，强化获得的认识，为以后的成长助力。

◎ 板书设计

种子的模样：认识自我

◎ 活动反思

主题选择符合学生身心发展水平，贴近学生生活，能满足学生需要。学生在上这节课时很有探索欲。整节课以"认识种子"为情境，引导学生探索自我，能较好地调动学生的兴趣和参与性。教学目标聚焦并切合学生实际，整个设计环节完整，流程清晰，每个活动都契合主题，为达成目标而进行。在教学中要注意以下几点：

1. "种子"来现身是建立良好团体关系的环节，同时也是引导学生从不同角度认识个体。此环节需要关注学生的观察角度，引导学生总结和思考，才能更好地进入接下来的"种子"会分身环节。

2. "种子"面对面活动中的伙伴画星环节，老师要根据学生情况，发现他的积极特征并给予引导和回应。

3. 对于学生的分享，教师相机进行有效反馈和回应。

◎ 资料附录

学习单

种子的模样

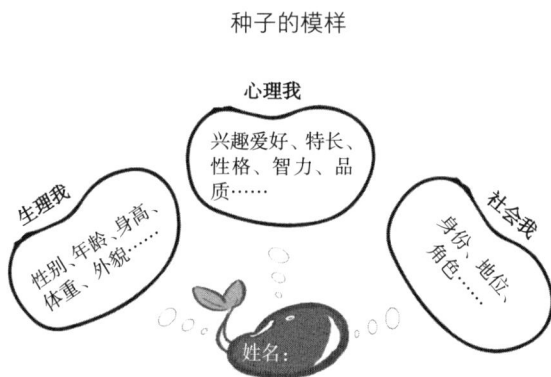

◎ 推荐电影

《夏洛特的网》

第二章　种子的模样：给真我一面旗帜

◎ 活动理念

《中小学心理健康教育指导纲要 (2012 修订) 》中关于高中生认识自我方面的内容指出："帮助学生确立正确的自我意识，树立人生理想和信念，形成正确的世界观、人生观和价值观；培养创新精神和创新能力，掌握学习策略，开发学习潜能，提高学习效率，积极应对考试压力，克服考试焦虑；正确认识自己的人际关系状况，培养人际沟通能力，促进人际间的积极情感反应和体验，正确对待和异性同伴的交往，知道友谊和爱情的界限；帮助学生进一步提高承受失败和应对挫折的能力，形成良好的意志品质；在充分了解自己的兴趣、能力、性格、特长和社会需要的基础上，确立自己的职业志向，培养职业道德意识，进行升学就业的选择和准备，培养担当意识和社会责任感。"

高中学生处于自我同一性确立时期，以"积极心理学"和"认知行为主义疗法"为导向，帮助学生正确认识自我和准确定位自我，以多元的视角和积极的心态与真我展开对话，从而撕开消极自我标签，助力高中学生心理健康成长。

◎ 活动目标

1. 认知目标：通过活动体验，正确认识贴在自我身上的消极和积极标签。
2. 情感目标：在跟自我对话、同伴探讨中体会撕开消极自我标签的积极情绪感受。
3. 行为目标：根据撕开消极自我标签的方法对觉察到的消极自我标签进行积极转化。

◎ 活动重难点

1. 通过课堂活动，学生能运用"撕开消极自我标签"的方法。
2. 通过活动，学生能准确定位自己，接纳有消极标签的自己，拥抱真实的自我。

◎ 活动准备

5 张贴有不同标签的脸谱、学习单、7 盒 24 色的彩铅，学生 6 人或 8 人一组。

◎ 活动对象

高中学生

◎ 活动过程

一、暖身阶段

活动：会说话的脸谱

1. 时间：3 分钟。

2. 准备：5 张贴有不同标签的脸谱

（1）嫉恶如仇的窦尔敦；

（2）忠义守信的关羽；

（3）脾气火爆的典韦；

（4）奸诈多疑的曹操；

（5）勇猛善战的张飞。

3. 活动方法：

（1）学生观赏老师表演一小段《唱脸谱》；

（2）学生欣赏情景短剧：5 位戴着脸谱的学生各用一句话介绍人物。

4. 小结：正是这些积极和消极的标签构成了"真我"，今天就让我们走进"给真我一面旗帜"。

【设计意图】通过《唱脸谱》将学生的注意力凝聚到课堂上；脸谱扮演导出 5 位历史人物的标签，由消极标签和积极标签构成了真实的自我，据此呈现本课的主题——"真我"；教师交代本课学习任务的同时，成功破题和展示课题，强调这是为拥有消极自我标签的真我提供的一面积极向上的旗帜。

二、转换阶段

活动：标签故事

1. 时间：8分钟。

2. 准备：学生6人或8人一组，每组一张标签故事交流卡。

3. 活动方法：

（1）学生专注倾听标签故事，并且填写标签故事交流卡上的第1—5题的答案；

（2）学生根据标签故事交流卡的任务进行3分钟的小组讨论；

（3）讨论结束后请小组代表分享答案，其他同学用心倾听，并跟随老师的导语，一起明晰撕开消极标签的方法。

4. 小结：通过大家的讨论，我们得到了撕开消极自我标签的方法即"适度关注，学会抽离""客观评价，准确定位""转换视角，积极赋意"。请同学们在未来的人生中，当我们觉察到消极标签时，用这些方法来撕开标签，这就是给真我的一面积极旗帜。

【设计意图】通过小庆的故事，学生跟随她的心路历程初步感知撕开消极自我标签的方法；小组成员之间思想和心灵的碰撞，一边讨论答案，一边清撕开消极标签的方法。

三、工作阶段

活动：真我对话

1. 时间：16分钟。

2. 准备：每人一张"真我对话，叩问心灵"学习单。

3. 活动方法：

（1）学生在教师的指导下伴随音乐独立完成"真我对话，叩问心灵"学习单，运用所学方法撕开分数最高且目前最困扰自己的消极自我标签；

（2）教师邀请3位男（女）生，上台真诚分享撕开消极标签的心路历程；其余同学倾听并积极赋能；同时教师需要对学生的分享内容做归纳、点拨和提升，主要运用上一环节撕标签的方法来进行；

（3）全体学生再次给自己的标签打分。

4.小结：通过刚才的探索，我们可以感知到，大多数同学，都或多或少地撕开了自己的消极标签，这让我们的内心受到了鼓舞。还有部分同学，或许目前认为自己还没有撕开消极标签，对自己不太满意，心情仍然没有豁然开朗，那我们也要尝试去接纳这个不满意的状态，这一部分也是真实的自我，我们可以去改变我们能改变的，接纳我们不能改变的。

有的同学可能分数没有降低，前后没有变化，但这并不代表我们今天的探索是没有收获和意义的，通过与真实的自己深入对话，我们意识到了消极标签的存在，看到了更全面的自己，内心也在慢慢发生改变，不能操之过急。

恭喜各位同学，今天我们迈出了自我探索的第一步，每个同学都很棒！

【设计意图】学生们通过真我对话，运用撕开消极自我标签的方法，达成行为教学目标，突出教学重点，充分体现了心育理论。学生的分享体现了本堂课他们的心灵是否有所触动和成长。看见即疗愈。在循序渐进的问答与分享中，学生逐步看到自己内在的情绪、思维、认知和行为模式，改变能改变的，接纳不能改变的。同时，撕开消极标签的过程以及前后标签分数的对比，是学生们本节课心理成长的体现，也为学生们未来人生中能准确定位自我提供了方法，为学生的幸福人生奠定了基础。

四、结束阶段

活动一：绘制真我彩色脸谱

1.时间：10分钟。

2.准备：每人一张"真我脸谱"学习单，每组一盒彩铅。

3.活动方法：

（1）学生在教师的引导下，用彩铅给真我脸谱着色，积极解读这张真我彩色脸谱；

（2）男女生各一名上台解读脸谱，其余同学倾听并积极赋能；

（3）各小组长将本组代表作送到台前，由2位志愿者张贴，其余同学用心欣赏。

4.小结：多彩的脸谱是同学们丰富而独特的真实自我写照，一张张脸谱就如同一个个鲜活的你们，把对未来生活的期待都展现在了我们的面前。从历史中走来的脸谱，在岁月长河里，人们不断地为它们贴上各种标签，这些标签有符合客观事实的，也有不恰当的，正如我们给自己贴的自我标签一样，当有一天你发现自己被贴上了消极的自我标签，请循着今天的心灵成长足迹去化解它。希望大家都能接纳独特的自己，去成为梦想中的自己，去传承中华传统文化，做一个对社会和国家有价值的新时代青年。要知道，我们所爱的，是这个全部的你，独特的你，真实的你！

【设计意图】学生带着对真我的觉知，带着撕开消极自我标签的情绪和感受来绘制代表真实自我的脸谱，在绘制中做自我的整合。在解读脸谱时可以从"对自我有了怎样的新认识，又会做出怎样的调整，以怎样的面貌来迎接自己的未来"这三个方面来思考，学生一边思考、聆听，一边做自我整合。在彩色脸谱的展示中，学生接纳这个独特的、真实的、完整的自我和同伴。学生的作品和老师的语言一起沁润学生心灵，引领学生向阳而生。

活动二：心灵成长作业

1.时间：2分钟。

2.活动方法：

学生课后完成心灵成长作业，用"真我对话，叩问心灵"的方法来撕一撕其他的消极自我标签。如果愿意，欢迎和老师分享，并在未来的生活中进行觉察。

【设计意图】课堂中学生只尝试撕开了最困扰自己的消极自我标签。他们需要在课后学以致用，助力自己终身成长和同伴的健康成长。

◎ **板书设计**

◎ 活动反思

1. 教学内容和活动设计紧密联系学生生活。

学生的积极和消极自我标签来自他们的生活，消极标签给学生们带来的情绪困扰也是实实在在地存在于他们的生活中。为了更美好的生活，学生需要正视撕开消极自我标签的心理课题，据此助力自己积极健康地成长和创造美好未来。陶行知先生的"生活即教育"指出："教育来源于生活，生活本身就是教育。"本次"积极探索自我"的心理课题来源于学生的生活，又回归到学生的日常生活中。本课努力践行陶行知先生的"生活教育理论"，学生的真我对话源于学生对过去和现在生活的深度连接，又指向其未来的美好生活。

2. 以学生为中心贯穿教学始终。

罗杰斯提出的"以学生为中心"强调以学生的学习和发展为中心，课堂的主要活动和时间交还给学生，学生以小组学习和独立学习进行有效的自主和自助成长。整堂课中，教师无条件积极关注、共情式理解、真诚倾听学生的分享。学生积极参与"真我对话，叩问心灵"和"绘制真我彩色脸谱"两个活动，更充分体现了课堂的主体是学生；在学生的分享环节，学生之间也展现了彼此尊重，心与心碰撞和共同成长。

3. 教学活动指向学生的积极自我成长。

宾夕法尼亚大学教授马丁·E.塞利格曼在其《积极心理学导论》中指出：对个人成长而言，积极心理学主要培养人积极的心理特征，如爱的能力、工作的能力、积极地看待世界的方法、创造的勇气、积极的人际关系、审美体验、宽容和智慧灵性等。

本堂课旨在通过学生与真我对话，在对待消极自我标签时，以积极向上作为一面成长的旗帜，撕开消极自我标签，实现自我的内在成长。本次课学生在小组活动和自己的独立活动中，深深地觉察内心的真我，与真我对话，撕开消极的自我标签，积极地成长，这是高中生积极发展的一种良好风貌！

4. 真正的成长在自我疗愈中。

如果时间允许，在"真我对话，叩问心灵"活动中撕开最困扰自我消极标签前，可以用冥想引导学生充分地与内心最困扰自己的那个消极标签对话，然后再完成叩问心灵的书写环节，可以更深刻地实现"看见即疗愈"。课后，教师收集好学生的"真我对话，叩问心灵"学习单，根据困扰的严重程度，先与困扰度大的孩子进行面对面的交流，再让班主任与困扰度中等的学生交流，困扰度小的可以提醒他们与同伴交流或找适合自己的方法疗愈自己。

◎ 资料附录

学习单

1. 标签故事

大家好，我是小庆。我一直是个开朗、自信的女孩。初中毕业时，我以优异的成绩考上了区重点高中，但在网课期间，我在学习过程中经常"划水"，妈妈发现后经常说我摆烂。每当听到妈妈这样的唠叨，我就会感到很焦虑和烦躁。在网课结束后的测验中，我的成绩一塌糊涂，那时的我过度焦虑，整夜整夜睡不着。

后来，我意识到在网课期间我的学习状态确实不好，经过返校这段时间的调整，再加上我对学习是有期待和渴望的，不是妈妈口中完全摆烂的人，我在学习上渐入佳境。我也在努力地做出调整，做出积极的改变。前段时间，我给自己制订了合理的计划，上课变得积极起来，补上了之前落下的功课，还成功竞选上了化学科代表。于是我又重新找回了对学习的兴趣，并且在最近一次月考中取得了较大的进步。

温馨提示：不用在这张学习单上作答，小组统一写在《标签故事交流卡》上。

1. 这个标签给她带来的情绪感受、身体反应是什么？

2. 你觉得小庆喜欢被消极标签困扰的自己吗？

3. 小庆的消极自我标签是谁贴的？她认可吗？

4. 这个标签适合现在的小庆吗？

5. 怎样从积极的视角来看待"小庆的妈妈经常在网课期间说她摆烂"？

6. 根据前面的问答，我们可以得出哪些分析角度？请把每一问题的分析角度选项填在对应的选框里。

A. 情绪　B. 来源、认知改变　C. 好恶　D. 时效性、频率、程度　E. 积极视角

7. 用线将分析角度和对应的撕开消极标签的方法连起来。

2. 真我对话，叩问心灵

最困扰你的一个消极标签是什么？用 0—10 打一个分值。（分值越大，困扰越大）

心灵导师

我

是因为什么事情让你贴上了这个标签？

心灵导师

我

你当时是怎么想的？后续做出了什么行为？

心灵导师

我

看见自己，疗愈自己，看见即疗愈

（翻页继续）

运用刚才撕标签的方法，试着问问自己对应问题并回答。

1. 这个标签给你带来的情绪感受、身体反应是什么？
2. 你喜欢被消极标签困扰的自己吗？
3. 你的消极自我标签是谁贴的？你认可吗？
4. 这个标签适合现在的你吗？
5. 怎样从积极的视角来看待此标签？

心灵导师

回答：
1.
2.
3.
4.
5.

我

你还可以对自己说些什么来撕开自己的消极标签？

心灵导师

我

现在给这个消极自我标签再次打一个分。

心灵导师

我

☺ 看见自己，疗愈自己，看见即疗愈

3. 真我脸谱

请大家带着撕开消极自我标签的觉知、情绪、感受来绘制代表真实自我的脸谱。大家可以想一想：哪种颜色代表怎样的你？我们可以用鲜亮的颜色代表撕开消极标签的我，暗淡的颜色代表仍然存在的消极部分的自我；大家也可以自由发挥，今天你对自我有了怎样的新认识？可能做出怎样的自我调整？以怎样的面貌来迎接自己的未来？

绘真我脸谱，接纳和拥抱多彩真我

4. 标签故事交流卡

小庆的消极自我标签是：_____　　记录人：_____　　发言人：_____

问题	答案	分析角度 选出撕开标签的角度（填入下表各栏）A. 情绪 B. 来源、认知改变 C. 好恶 D. 时效性、频率、程度 E. 积极视角	方法（旗帜）请连线搭配：由分析角度推出撕开消极标签的方法
1. 这个标签给她带来的情绪感受、身体反应是什么？			客观评价 准确定位
2. 你觉得小庆喜欢被消极标签困扰的自己吗？			
3. 小庆的消极自我标签是谁贴的？她认可吗？			适度关注 学会抽离

问题	答案	分析角度	方法（旗帜）
		选出撕开标签的角度 （填入下表各栏） A. 情绪 B. 来源、认知改变 C. 好恶 D. 时效性、频率、程度 E. 积极视角	请连线搭配： 由分析角度推出撕 开消极标签的方法
4. 这个标签适合现在的小庆吗？			
5. 怎样从积极的视角来看待"小庆的妈妈经常在网课期间说她摆烂"？	（每小组至少呈现2个积极视角）		转换视角 积极赋意

◎ 推荐书籍

《被讨厌的勇气》

第三章　种子的声音：悦纳自我

◎ 活动理念

悦纳自己就是欣然地接受自己现在的状态，以一种充满希望的、积极的态度审视自己。《中小学心理健康教育指导纲要（2012 年修订）》指出，心理健康教育的具体目标是：使学生学会学习和生活，正确认识自我，提高自主自助和自我教育能力。埃里克森人生发展八阶段理论指出，青春期的主要任务是建立一种新的自我同一性。

小学中高年级学生处于步入青春期的年龄，他们的生理和心理都开始发生明显变化，自我意识也开始明显增强。由于年龄和阅历的制约，容易出现敏感、不自信等心理状态。所以，教师需要引导他们看到自己的优点和价值，同时积极对待自己的不完美，与它们和谐共存。本节以种子寓意本阶段的学生，他们的自我探索，就如种子活出自我一般，进而欣赏自己，悦纳自己，也会更自信地成长！

◎ 活动目标

1.认知目标：通过活动，感悟人无完人，每个人都有优点和不足，都是独一无二的个体。

2.情感目标：通过活动体验自我欣赏、接纳不完美的自己。

3.行为目标：在生活中，能正确面对自己的不完美，与它们和谐共存。

◎ 活动重难点

1.通过课堂活动，能正确看待自己的不完美。

2.在生活中能欣赏自己、接纳自己的不完美。

◎ **活动准备**

若干颗任意种子、学习单、彩笔、签字笔，学生 6 人或 8 人一组。

◎ **活动对象**

小学中高年级学生

◎ **活动过程**

一、暖身阶段

> 活动："种子"赏鉴会

1. 时间：5 分钟。

2. 准备：学生 6 人或 8 人一组，每组若干不同种子。

3. 活动方法：

（1）学生每人随机选一颗种子，在小组内观察、比较和讨论每颗种子的优点和缺点；

（2）分享：

①随机请几名同学分享自己手中种子的优点和缺点；

②如果每个人就像一颗种子，你有什么感悟？

4. 小结：从同学们的分享中我们发现，这些种子中，没有完全相同的两颗，各有各的特点。正如我们每个人都是独一无二的，都有各自的优点和缺点。

【设计意图】通过活动，同学们可以建立起良好的团体关系。同时该活动可以激发学生的兴趣，吸引学生的注意力，引导学生发现每个个体都是独一无二的，都有各自的优点和缺点。

二、转换阶段

> 活动："种子"自鉴会

1. 时间：10 分钟。

2. 准备：学习单、彩笔。

3.活动方法：

（1）学生选择两种颜色的彩笔在学习单上写出自己的优点和自己不满意的特点；

（2）分享自己的优点（最好有具体的事例）和自己不满意的特点。

【设计意图】通过活动，同学们认识到自己的优点，看到自己的价值，同时意识到自己的不足。

三、工作阶段

活动一：种子的秘密

1.时间：8分钟。

2.知识准备：

许多种子在外观上可能并不引人注目，但它们的结构和特征实际上对生长和繁衍至关重要。比如：

（1）有些种子的种皮上可能有一些纹理、突起或斑点，这些看似不完美的特征实际上有助于种子附着在土壤或其他表面上，增加种子的生存机会。

（2）一些种子的颜色和质地可能让它们更好地融入环境中，使其更难以被捕食者发现，或者帮助它们在不同的土壤中更好地生长。

（3）种子的形状决定它们如何发芽和生长。例如，某些种子的形状可能使它们更容易从种皮中释放出来，或者帮助它们更好地吸收土壤中的养分。

（4）种子的内部结构，如胚和胚乳，对种子的生长和发芽至关重要。这些结构为种子发芽和早期生长提供了所需的能量和营养。

（5）种子的大小和重量也会影响其生长和传播。较轻的种子可能更容易被风吹到远处，从而增加其传播的机会。

（6）有些种子的寿命很长，可能需要在特定的条件下才能发芽。这种"休眠"状态对种群生存和生态平衡至关重要，因为它确保了种子不会在不利的环境条件下发芽。

总的来说，种子的外观特征是经过长时间自然选择而形成的，都是为了更好地适应环境、提高生存机会和繁衍后代。

3.活动过程：

（1）对种子鉴赏会中提出的种子缺点进行揭秘。

（2）分享：听了种子的声音，你有什么样的启示？

4.小结：通过种子的发声，我们了解了种子的秘密。我们发现，有时候表面看似不完美的特征，其实可能有着重要的作用和价值。

【设计意图】通过了解种子的秘密的活动，引导学生感受可以从欣赏的角度看待不完美的特征。

> ### 活动二："种子"变形记

1.时间：12分钟。

2.准备：学习单、签字笔、彩笔。

3.活动方法：

（1）思考并"变形"自己的不完美特征；

如：A.虽然（我写作业粗心）……但我可以改正，争取变得仔细；

　　　B.虽然（我现在长得很矮）……但它提醒我要注意营养、加强锻炼。

（2）小组内分享；

（3）团体解决个人无法"变形"的特征；

（4）为成功"变形"的特征圈上优点的颜色。

4.小结：我感受到了同学们的改变，也看到了同学们能面对自我的不完美，为大家的所获感到无比欣喜。

【设计意图】通过"种子"变形记的活动，学生学会了欣赏自己看似不完美的特征，能积极对待自己的缺点，更好地接纳不完美的自己，形成积极的健康心理品质。

四、结束阶段

活动：“种子”欣感悟

1.时间：5分钟。

2.分享：活动感悟。

3.小结：人无完人，在学习和生活中，我们既要看到自己的优势，也要看到自己的不足。我们要发挥好自己的优点，同时正确看待自己的不完美，积极对待自己的缺点，成为一个积极进取、悦纳自我的人。

【设计意图】通过分享感悟和收获，学生对本次活动的收获认识得到加深，在以后的学习生活中能悦纳自我、快乐自信。

◎板书设计

种子的声音：悦纳自我

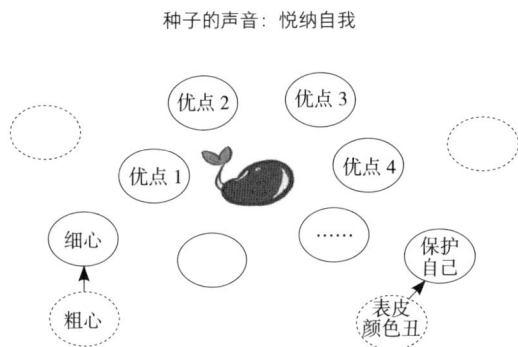

◎活动反思

本节心理活动课的目标是帮助学生悦纳自我，欣赏自我，从而更好地应对生活和学习的挑战。通过活动和讨论，我认为我们成功地达成了这个目标。学生们的参与度和互动效果都很好，他们积极发言，分享自己的感悟和体验，展现出了良好的自我探索意识和能力。在教学中要注意以下几点：

1.“种子”自鉴会是学生认识自己优点和缺点的自我探索环节，此时需要一个尽量轻松、愉快、接纳的课堂氛围。此环节需要教师关注学生的表现，注意鼓励和调动他们探索的积极性，才能更好地引导学生思考和表达，发现自我的优点价值，勇敢地面对自己的不足。

2."种子"变形记是促进学生用新的视角和思维看待自己的缺点，老师要多发现学生不同的"变形"角度并邀请其分享，给予团体更多的引导和启示。

3."种子的秘密"这个环节，有很多的科普知识，可以根据学生的年龄特征，调整得更有趣味性。同时，此环节也可以增添一些想象的元素。

◎ 资料附录

学习单

种子的声音

◎ 推荐电影

《心灵捕手》

第四章 种子的声音：自信心

◎ 活动理念

自信心是一种反映个体对自己是否有能力成功地完成某项活动的信任程度的心理特性，是一种积极、有效地表达自我价值、自我尊重、自我理解的意识特征和心理状态，也称为信心。进入中学阶段，学生们认识自身的能力大多不成熟，面对优秀的同学、繁重的学业、复杂的人际关系、不确定的未来等，容易产生紧张、焦虑、迷茫、自卑等负面情绪，很难以自信的态度面对中学的学习和生活。

本课以自我为一颗种子，通过语言、想象、绘画、歌曲、肢体动作等表达方式，激发学生的自信心，发现自己忽视的优势和价值，探寻适合自己的增强自信的方法、途径及行动计划。于活动中探寻方法之际，感受自信的力量。

◎ 活动目标

1. 认知目标：在活动中认识自信心，了解提升自信心的方法和途径。
2. 情感目标：在活动中感受自信带来的成就感和喜悦感。
3. 行为目标：通过活动感悟自我优势，探寻提升自信心的行动计划。

◎ 活动重难点

1. 通过活动探索提升自信心的方法和途径，找到适合自己的行动计划。
2. 通过活动探寻自我忽略的优势和资源。

◎ 活动准备

音乐《我相信》、学习单、彩笔，学生 6 人或 8 人一组。

◎ **活动对象**

中学生

◎ **活动过程**

一、暖身阶段

活动：种子赏析

1. 时间：5分钟。

2. 准备：音乐《我相信》。

3. 活动方法：

（1）学生欣赏音乐；

（2）分享：听了这首歌你有何感悟？

4. 小结：从同学们的分享中我们发现，相信自己、勇于前行的我们，都会有属于自己的精彩人生。今天就让我们一起走进自信心。

【设计意图】通过活动激发学生的兴趣，吸引学生的注意力，引导学生了解自信就是要相信自己，勇于面对挑战。

二、转换阶段

活动：种子回顾

在人生的道路上，我们就如一个正待发芽、破土而出的种子，在努力生长的过程中我们都遇到过因为不够自信或自卑而无法跨越的鸿沟，让我们深陷其中而无法自拔。对你而言印象最深刻或最艰难的一次经历是什么？请将它画出来，让我们一起说出自我的故事。

1. 时间：18分钟。

2. 准备：学习单、彩笔。

3.活动方法：

（1）在你认为的人生路线鸿沟处，用笔画出自己不够自信的模样；

（2）在目标处绘出自己想要达到的自信心状态模样；

（3）分享：

①困境故事及你当时的感受；

②期待的状态。

（4）思考并分享：达到目标状态可以采用的方法和途径。

①先独自思考，将自己的想法记录下来；

②小组分享，并完善你的方法和途径。

4.小结：原来面对困境时，我们也有这么多相似的感受和担忧，或许就是它们阻止了我们前行的步伐。不过没关系，因为我听到大家分享了如此多的方法和途径，让我也跃跃欲试。

【设计意图】通过活动，同学们认识到不自信的屏障，增强提升自信力的信念，以及探索方法的欲望。

三、工作阶段

活动：种子行动

1.时间：12分钟。

2.准备：学习单、彩笔。

3.活动方法：

处于困境时的我们并未发现，我们其实还有很多自我的优势和资源，现在回看一下自我，想想都有些什么。

（1）为自己的困境图增添事物；

（2）分享：这些事物代表了什么？

（3）邀请伙伴为你的困境图添加事物，请他／她对此解释；

（4）分享自我感悟；

（5）结合此时的困境图和增强自信的方法和途径，写出你的行动计划。

4.小结：感谢同学们的积极分享，让我感动的是很多同学都发现了自己平时没有意识到的优势和资源力量，提升了面对困境的勇气和找到了面对方法，希望大家能积极行动起来，让未来的我们更加自信。

【设计意图】通过多角度的探索，发现自己更多的优势和资源，感受支持的力量，同时找到自我行动的方法，增强行动力。

四、结束阶段

活动：种子未来

1.时间：5分钟。

2.分享：

（1）你想对困境中的自己说什么?

（2）用一个姿势展现自信的自己。

3.小结：自信是困境中的一束光，照亮我们前行的路，愿同学们自信满满，脚踏实地成长与前行，同时享受人生的每一个精彩瞬间。

【设计意图】运用多种形式的语言展现自信，增强学生的自信心。

◎ 板书设计

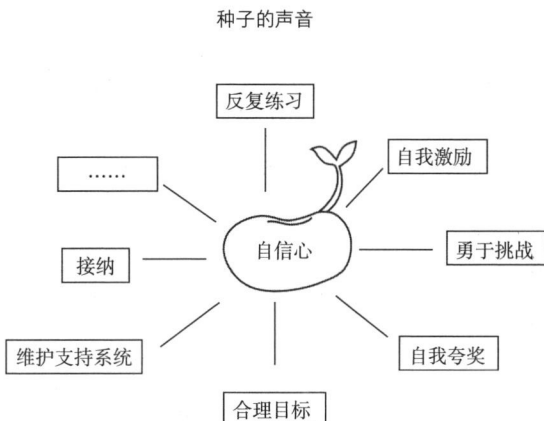

种子的声音

反复练习　自我激励　……　接纳　自信心　勇于挑战　维护支持系统　自我夸奖　合理目标

◎ 活动反思

本次辅导是针对大多数中学生面对的问题所设计的，通过本次辅导，大多数同学都找到了提升自信的有效方法和途径，也在活动中感悟到自信的力量，提升了自信心。学生们参与性高，互动性良好，积极分享，同时展现了积极的分析和归纳能力。在教学中要注意以下几点：

1. 在画不够自信的模样时，可以用不同的事物代替；同时在描绘自我期待的目标状态时，学生若无法完成画作，可让他们写出即可。

2. 可能有同学会说，他很满意现在自信的自己，可以请他与大家分享一下有哪些保持良好自信心的方法和途径。

3. 活动中可根据情况，让学生分享曾经因为自信而成功的故事，从中发现积极的资源，增强他们的自信心。

◎ 资料附录

学习单

种子的声音

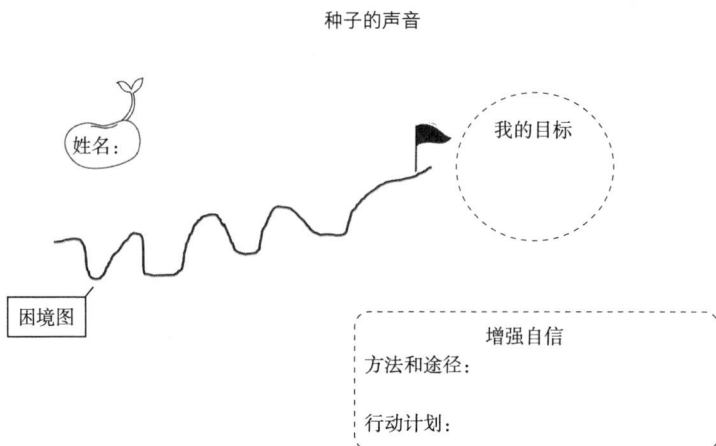

姓名：

我的目标

困境图

增强自信
方法和途径：

行动计划：

◎ 推荐书籍

《做一个自信的人》

第五章 种子的梦想：发展自我（小学中段）

◎ 活动理念

阿尔伯特·班杜拉提出的自我效能理论指出，一个人的行为和表现，取决于他对自己能力的信心和预期。自我效能感高的人更有可能挑战新任务，坚持完成困难任务，并在面对挫折时迅速恢复。

小学中年级学生开始展现出了一定的兴趣和爱好，并且对新事物产生了好奇心。他们会表现出对不同领域探索和尝试的兴趣。自我意识也逐渐增强，正是培养他们自我效能感的关键时期。自我效能培养有助于学生建立健康的自我形象，增强自信心；能帮助学生认识到自己的能力，提升他们的自信心和学习动力，从而为他们未来的学习和生活奠定坚实基础，向梦想前行。

◎ 活动目标

1.认知目标：在活动中用心体验，觉察当下，发现和认识自己的积极特征。

2.情感目标：增强自我认同感，对自己的积极优势充满自信。

3.行为目标：通过活动，能挖掘自身的优势，并运用自己的积极优势在学习和生活中发挥积极作用，增强面对未来的心理能量。

◎ 活动重难点

1.用心体验，觉察当下，探索自己的积极特征。

2.学生能主动挖掘自身的优势，并运用自己的积极优势在学习、生活中发挥积极的作用。

◎ 活动准备

心灵图卡、学习单、签字笔，学生6人或8人一组围成一个圆圈。

◎ **活动对象**

小学中段学生

◎ **活动过程**

一、暖身阶段

活动："种子"的名字

1. 时间：5 分钟。

2. 准备：学习单、签字笔。

3. 活动方法：

（1）我们就像父母精心培育的一颗种子，请在种子上写上自己的名字；

（2）用自己名字中的一个字（可谐音）组一个积极正向的词语；

（3）同学分享。（我的名字是……我的名字闪闪亮。）

4. 小结：太棒了，同学们！你们对自己的名字都做了如此积极的诠释。记住，名字不仅代表了你们，更是承载了你们的梦想和希望。希望你们都能像种子一样，勇敢地破土而出，茁壮成长，绽放属于自己的光彩。

【设计意图】通过活动，调动气氛，让学生对自己的名字充满自信感，引导他们对自己积极正向的认识。

二、转换阶段

活动："种子"的故事

1. 时间：10 分钟。

2. 准备：若干张心灵图卡。

3. 活动方法：

（1）学生选取一张自己喜欢的卡，说说和自己有连接的闪光故事，同时写下故事中自己的优点或优势特征；

（2）同伴交流，全班分享。

4.小结：同学们，你们的故事让我深感骄傲。每个人都是独一无二的，都有自己的闪光点。希望你们能继续发掘自己的优点，坚定自信，勇敢地追求自己的梦想。记住，你们是最棒的！

【设计意图】通过活动，引导同学们觉察当下，培养其探索自己积极特征的意识。

三、工作阶段

活动一："种子"闪闪亮

1.时间：8分钟。

2.准备：学习单、签字笔，学生6人或8人一组围成一个圆圈。

3.活动方法：

（1）小组同伴顺时针传递学习单，轮流在学习单上写上他/她的优点；

（2）分享：

①添加的优点；

②看到同伴对你的认识，你有什么发现和感受。

【设计意图】通过小组同伴优点大轰炸的活动，学生探索和挖掘到了更多自身的优势特征。

活动二："种子"放光芒

1.时间：12分钟。

2.准备：学习单、签字笔，学生6人或8人一组围成一个圆圈。

3.活动方法：

（1）观察自己的学习单，思考这些优势给现在或未来的你（他人）带来什么美好（积极影响）。句式为"因为我的（优点），我的家人（同学、某人或某物）_____"。

　　如：A.因为我热爱运动，我的家人和朋友都受到了影响，我们一起运动更健康。

　　B.因为我擅长英语，我以后可能会是一名出色的外交官。

（2）活动分享：同伴交流，全班分享。

4.小结：同学们积极分享了自己的优势和对美好未来的设想，希望你们持续挖掘自己的优势，与他人分享你的光芒，帮助自己和他人更好地成长。期待你们的辉煌未来！

【设计意图】通过此活动，引导学生运用自己的积极优势在学习、生活中发挥积极的作用，从而提升他们的自信心和积极进取的动力，增强面对未来的心理能量。

四、结束阶段

活动："种子"心感悟

1.时间：5分钟。

2.分享：学生在组内依次用一句话分享活动感悟。

3.小结：亲爱的同学们，今天的心理课上，我们探索了自我优势与发展的奥秘。希望你们能将所学运用于实际生活之中，不断挖掘并发挥自身的潜能，成就更美好的未来。期待每位同学都能成为闪闪发光的种子，绽放属于自己的光彩。

【设计意图】通过分享感悟和收获，学生加强对自我的认同感，增强自信心，增强面对未来的心理动力。

◎ 板书设计

种子的梦想：发展自我

◎ 活动反思

学生们通过分享自己的故事，逐渐认识到自己的优点，同时也学会了欣赏他人的闪光点。在教学中要注意以下几点：

1. "种子"的故事是学生通过心灵图卡与自己连接，挖掘自己闪光点的环节，是一个"具体—抽象—具体"的活动，很多学生不易理解。此时需要教师作一个示范，或请同学作示范，以便大家更好地理解活动方法。

2. "种子"放光芒是学生根据自身优势发现自己为他人、为自己、为未来创造美好的环节，大部分学生都能够全身心投入。他们在活动中展现出的积极态度和创造力让我深感欣慰。然而，也有个别学生较为沉默，今后应设计更多个性化的活动，确保每个学生都能得到充分的关注和成长机会。

3. 通过小组讨论、互动等形式，同学们感受到了轻松愉快的氛围，能勇敢地表达自己。同时，也要注意加强引导，注重调动学生的主动性和重视课堂的生成性。

◎ 资料附录

学习单

种子的梦想

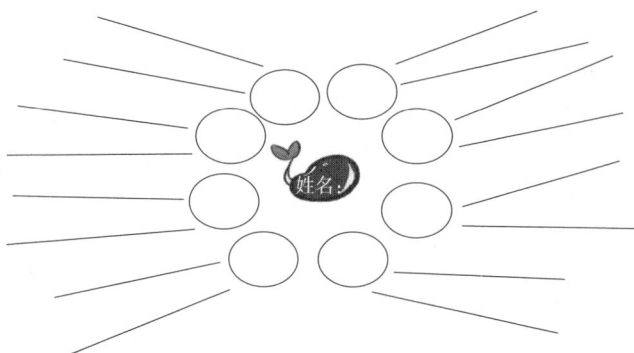

◎ 推荐电影

《喜剧之王》

第六章　种子的梦想：发展自我（小学高段）

◎ 活动理念

优势心理学认为，了解自己的优势特征可以帮助个体更好地认识自己，从而做出更符合自身优势的决策。通过识别和利用自己的优势，个体可以更好地发挥自己的潜能，提高自信心和自尊心，增强自我效能感。这种自我认知和自我效能感的提高，可以帮助个体在面对挑战和困难时更加坚定和自信，从而更好地实现自我发展和未来成长。

当前很多学生不清楚自己的目标方向，常常对未来感到迷茫。小学阶段生涯教育旨在引导学生建立积极的生涯意识，有初步的自我认知及职业认知能力，学会思考自我优势与未来专业、职业发展的关联性，找到人生的方向。同时，学生进行自我认知时，也要意识到自我的可塑性，保持自我的开放性，学会结合目标，通过教育和自我学习等方式不断地完善自我。

◎ 活动目标

1.认知目标：在活动中了解多样的职业和职业需要的特征。

2.情感目标：了解自己的优势特征，对自己的积极优势充满自信。

3.行为目标：通过活动，初步建立生涯意识，能联系自我优势和职业特征来树立职业意向，并能发展更多自身的优势。

◎ 活动重难点

1.了解自己的优势特征，对自己的积极优势充满自信。

2.学生能联系自我优势和职业特征来树立职业意向，并能发展更多自身的优势。

◎ 活动准备

学习单、红色笔、黑色笔、职业卡片，学生4人一组。

◎ **活动对象**

小学高段学生

◎ **活动过程**

一、暖身阶段

活动：职业初发现

1.时间：5分钟。

2.准备：若干职业卡片。

3.活动方法：

（1）表演者随机抽取卡片后，表演所抽取的职业（注：不能发声，只能用动作），其他同学猜，每张卡片用时不超过1分钟；

（2）随机采访表演者或猜中者对这个职业的认知。

4.小结：长大后的我们也会根据我们自己的能力和特点，拥有我们自己的职业。

【设计意图】通过活动，调动气氛，引入课题。

二、转换阶段

活动：职业大家谈

1.时间：8分钟。

2.准备：学习单、黑色笔，学生4人一组。

3.活动方法：

（1）说出自己知道的职业名称；

（2）以小组为单位，谈一谈在这些职业中，你了解的和喜欢的职业（特征、工作内容，对于工作者而言，要胜任这个职业需要具备哪些能力或特点等）；

（3）分发学习单，在学习单上写下自己的理想职业或职业领域。

4.小结：要想胜任一份职业，就要具备相应的优势能力。

【设计意图】通过活动，同学们初步认识职业的多样性；并引导学生有发现职业特征的意识。

三、工作阶段

活动一：梦想照耀屋——发现优势

1. 时间：12分钟。

2. 准备：学习单、红色笔。

3. 活动方法：

（1）每个人都有优势，著名心理学家塞利格曼提出了24种性格优势的理论。老师利用PPT展示6大类24种优势性格图，并做简单介绍。

（2）学生回忆自己做得满意或成功的事情，思考是自己的什么优势促成的这件事，并将这个优势用红色笔写在学习单对应的区域内。

（3）小组交流，同伴之间相互补充对方没看到的优势性格。

【设计意图】通过自我探索和小组合作活动，引导学生发现自身的优势，提高自信心和自尊心，增强自我效能感。

活动二：种子探光芒——发展优势

1. 时间：10分钟。

2. 准备：学习单、黑色笔。

3. 活动方法：

（1）思考：自己目前具备的优势是否能胜任理想的职业？如果不能，还需要增加哪些优势性格？可以通过哪些方式来让自己拥有这个优势性格？请填写在学习单上。

（2）分享：同伴交流，全班分享。

4. 小结：我很高兴听到同学们分享自己新的优势和美好未来。请记住，你们的优势不仅能帮助自己成长，也会影响到你们周围的人。请持续发展自己的优势，期待你们的辉煌未来！

【设计意图】通过此活动，引导学生建立初步的生涯规划意识，让学生认识自我，思考自我优势与未来专业职业发展的关联性，找到人生的方向，发展更多的优势特征。

四、结束阶段

活动：梦想可发光

1. 时间：5分钟。

2. 分享：活动感悟。

3. 小结：亲爱的同学们，今天我们一起探索了自我优势与未来发展的奥秘。希望你们能将所学运用到实际生活，不断挖掘和发挥自己的潜能，实现更美好的未来。期待每位同学都能成为闪闪发光的种子，绽放属于自己的光彩。

【设计意图】通过分享感悟和收获，学生更明确自己的目标，对提升他们的自信心和积极进取的动力，增强面对未来的心理能量大有裨益。

◎ 板书设计

种子的梦想：发展自我

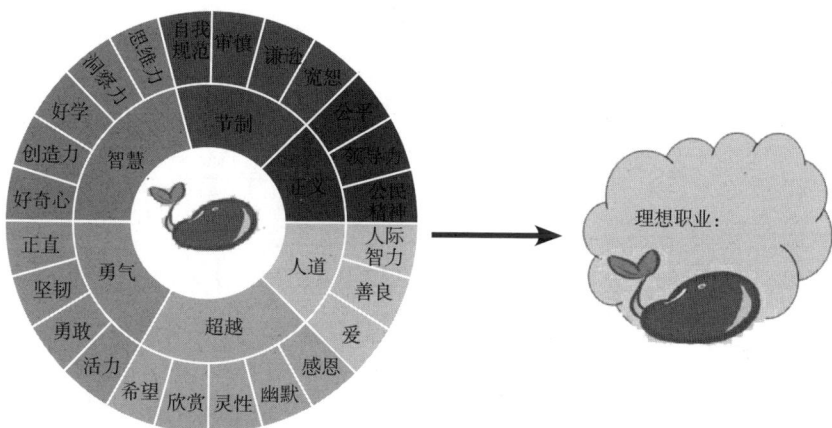

◎ 活动反思

每个学生内心都怀揣着对未来自己的憧憬，有待于被发掘、被点亮，此为我设计这堂课的初衷。整个课程，学生积极投入，用心体验和感悟。我引导他们建立生涯规划意识，让学生认识自我，思考自我优势与未来专业职业发展的关联性，找到人生的方向，通过自我教育和自我学习等方式不断地完善自我。

本活动设计运用小学生熟悉的"表演猜职业"作为暖身活动，成功吸引了学生的注意力，让学生能够全身心地投入活动中。接着顺势让学生思考自己知道的职业类型，一起交流职业特点，用团体的力量让学生对常见职业有初步的了解。这两个环节中要注意引导学生把工作者具备的优势特征和职业需要联系起来，以此建立初步的生涯规划意识。

在工作阶段，学生发现自我优势前，老师要用适合小学生年龄特征的方式对 24 种优势性格进行说明，并且此环节要给学生足够的活动时间。

对于教学内容和方法，可以选择同桌交流、小组讨论和师生互动等形式，让学生可以自由地敞开心扉，积极探索自己。

◎ 资料附录

学习单

种子的梦想

理想职业：

我还需要（某种优势），我可以这样获得：（方法）_____。
我还需要_____，我可以这样获得：_____。
我还需要_____，我可以这样获得：_____。

智慧　节制
勇气　　正义
姓名：
超越　人道

◎ 推荐书籍

《优势成长》

第二篇　积极情绪

我们拥有两个世界：其一为外在的世界，其二为内在的世界。于外在世界中，我们能够结识星辰、海洋、高山、树木、花草……于内在世界里，我们可以知晓何为高兴、伤心、失落、痛苦、委屈、愤怒、恐惧、嫉妒，亦能明白什么是爱、讨厌、憎恶、孤独……这些都是我们的"情绪"。情绪是一种复合的心理状态，包括内在体验、外显表情和生理反应。

积极情绪是指一种积极的心理态度或状态，是个体对待自身、他人或事物积极、正向、稳定的心理倾向，它是一种良性的、建设性的心理准备状态，当人们感到愉悦、喜悦、幸福、满足、激动、兴奋等情绪时，就可以说是处于积极情绪状态。

本篇包括探寻光亮、扎根土壤和吸收养分三章，是建立在积极自我探索基础之上的。好似一颗有灵魂的种子进入了儿童期，开始以积极、开放和有建设性的角度去理解和看待外界的事物。通过积极认知感受生活中的事物具有消极的一面，同时也具有积极的意义，探寻属于自己的光亮。在成长的过程中，运用积极思维应对困境，从而深深扎根于生活的土壤。积极寻找资源，从中吸收养分，做乐观向上的自己，增强自己的内在力量和行动力。

第一章 探寻光亮：给"怒怒"降降温

◎ 活动理念

教育部印发的《中小学心理健康教育指导纲要（2012年修订）》指出中小学生正处在身心发展的重要时期。在此阶段积极心理健康教育的目标是使学生正确认识自我，提高自主自助和自我教育能力，增强调控情绪、承受挫折、适应环境的能力。

小学中高年级学生的情绪往往是与个别具体事物相联系的。他们容易冲动，情绪较外露，尤其在对"愤怒"这种情绪的调控方面，难度堪称最大。因此，引导学生正确调控"愤怒"情绪，重塑积极情绪，让学生掌握调控"愤怒"的方法，使学生的心灵重获力量，能助力其形成健康的个性和良好的心理状态。本节中"光亮"代表事件的积极意义，并能够带给个体自身感悟与成长。

◎ 活动目标

1. 认知目标：认识到愤怒是每个人都会有的正常情绪，然而"随心所欲表达愤怒"和"压抑愤怒"都会带来伤害。

2. 情感目标：在活动中接纳愤怒，体会积极的情绪感受。

3. 行为目标：在活动中，运用适当方法调节愤怒，合理宣泄愤怒，重塑积极情绪。

◎ 活动重难点

1. 能运用适当方法调节愤怒；能在活动中合理宣泄愤怒，重塑积极情绪。

2. 在活动中接纳愤怒，体会到积极的情绪感受。

◎ 活动准备

轻音乐、学习单、本班愤怒调查图、《菲菲生气了》和《我变成一只喷火龙了》的视频、愤怒自我伤害图片、A4 纸、彩笔和胶棒等，学生 4 人或 6 人一组。

◎ **活动对象**

小学中高年级学生

◎ **活动过程**

一、暖身阶段

活动："怒怒"来了

1. 时间：5 分钟。

2. 准备：《菲菲生气了》的视频、学习单、本班愤怒调查图。

3. 活动方法：

（1）原来"怒怒"长这样；

①教师运用《菲菲生气了》的视频创设情境，让孩子在情境中思考菲菲为什么生气；

②孩子在情境中倾诉自己真实的愤怒经历，以及愤怒时的反应。

【设计意图】视频情境的创设能激发孩子的兴趣，能引导孩子看到愤怒背后的原因，从而理解愤怒这种情绪。孩子在相互倾诉自己的愤怒经历时，能对别人的愤怒经历共情，也能得到他人的理解，从而接纳、理解自己的愤怒。对于不愿意在公共场合倾诉的孩子，老师给予尊重和支持，给予孩子安全的心理环境。

（2）我们都有"怒怒"。

给同学们展示本班愤怒调查图。

4. 小结：显然，愤怒在我们生活中是普遍存在的。

【设计意图】课前，教师利用学习单对本班孩子"曾经最让我愤怒的事情""当时的我有多愤怒"进行了学情调查，旨在了解本班孩子们真实的愤怒经历，使教学更符合学生心理发展特点，从而使教学更具针对性、科学性。孩子们通过看愤怒调查图，意识到愤怒是常见的事，从而进一步接纳愤怒，给予孩子安全的心理氛围。

二、转换阶段

活动："怒怒"的表达

1. 时间：8分钟。

2. 准备：《我变成一只喷火龙了》的视频、愤怒自我伤害图片。

3. 活动方法：

（1）运用视频创设情境，让孩子辨别阿古力在表达愤怒时，伤害了什么。

（2）创设图片情境，引导孩子认识到，压抑愤怒也会伤到自己。

（3）全班交流：我们在表达"愤怒"时要注意些什么呢？

小结：在同学们的分享中我们发现，过分压抑愤怒也会伤到我们自己，所以我们要尝试"不伤害自己""不伤害他人"和"不损坏物品"的愤怒表达方式。

【设计意图】①借助动画片，以孩子喜闻乐见的方式，引导孩子理解"正确表达愤怒"的原则——"不伤害自己""不伤害他人""不损坏物品"。

②借助图片，让孩子在情境中理解，强颜欢笑地掩藏真实情绪，而不去表达，也会伤到自己。

③"不伤害自己""不伤害他人""不损坏物品"三大原则也是"立德树人""课程育人"的体现。

三、工作阶段

活动：给"怒怒"降降温

1. 时间：17分钟。

2. 活动方法：

（1）给自己的"怒怒"降温；

全班交流自己管理愤怒的经历。

（2）给菲菲的"怒怒"降温；

全班交流有哪些方法可以帮菲菲的"怒怒"降温。

（3）小组合作，给本班同学的"怒怒"降温；

（4）分享。

3. 小结：看到大家倾情分享、相互帮助，老师很感动，听到如此多调节愤怒的有效方法，我也收获满满。

【设计意图】叙事疗法强调每个人都是解决自己问题的专家，鼓励孩子用自己的方法帮自己降温，让孩子们意识到自己本身就是有力量的人。再次创设有关"菲菲"的情境，使这个情境一以贯之，引导孩子们帮助"菲菲"调节愤怒。小组合作的形式能让孩子意识到"他人的力量""合作的力量"，让孩子在帮助他人的过程中，再次共情。所有愤怒经历皆抹去了孩子们的名字，旨在既能帮助孩子调节愤怒，又能保护孩子的内心。调节愤怒的方法是孩子们自己想出来的，而不是老师灌输的，这样能让孩子拥有获得感、成就感。

四、结束阶段

活动："怒怒"的新生

1. 时间：10分钟。

2. 准备：每位同学两张A4纸、彩笔、胶棒。

3. 活动方法：

（1）我画"怒怒"；

学生借助彩笔和白纸，将自己全部的愤怒倾泻在白纸上。

（2）我撕"怒怒"；

学生任意撕掉自己的"愤怒"。

（3）我贴"怒怒"；

学生借助胶棒将撕下的任意数量的纸片，重新粘成一幅画，并取个名字。

（4）"怒怒"的新生。

学生分享为何给这幅画取这个名字。

4. 小结：感谢大家的参与，适当的愤怒表达方式就像光一样照亮我们生命前行的道路，看着大家手中新生的自己，我感受到了不断成长的你们，期待着向光奔跑的你们、未来的你们。

【设计意图】重塑作品其实是在重塑孩子的情绪，重塑孩子的内心世界，让学生在亲身参与的活动中体会到"即使被撕得七零八落，它仍然可以成为一幅有意义的作品"。让孩子们在重塑作品中进一步接纳自己的愤怒，让孩子认识到在愤怒经历中，只要遵循"不伤害自己""不伤害他人""不损坏物品"这些原则，我们也能在愤怒中获得成长。让孩子们在分享作品中获得力量。

◎ 板书设计

```
┌─────────────────────────────────────┐
│        给"怒怒"降降温                │
│                                     │
│  不伤害自己          深呼吸          │
│  不伤害他人          合理释放        │
│  不损坏物品          ……            │
└─────────────────────────────────────┘
```

◎ 活动反思

在生活中，小学生难以控制和调节愤怒，常常用打架、摔东西等方式来表达愤怒，或者压抑自己的愤怒，把它憋在心里。本堂心理健康课，我想要孩子们从情境中体会到我们有"愤怒"的感受是正常的，从而接纳自己的愤怒，引导孩子明白只要以"不伤害自己""不伤害他人""不损坏物品"的方式来表达愤怒，我们也能获得心灵成长。

在课堂上，教师应该注意以下几点：

1. 教师的语言要更贴近学生年龄，尽量营造轻松、愉悦的课堂氛围，避免专业化、深刻化。

2. 课堂中开设的活动要更加丰富。

3. 课堂上应更关注孩子们的心理体验。

4. 对孩子们的反应、感受，教师应预设得更多，以给孩子更好的反馈。

◎ 资料附录

学习单

我的愤怒经历

一、曾经最让我愤怒的事情：

_____

_____

二、当时的我有多愤怒？（　　　）

A. 有点愤怒

B. 特别愤怒

C. 简直气炸

三、当时我是如何调节愤怒的？这个方法有效吗？

_____

_____

◎ 推荐电影

《头脑特工队》

第二章　探寻光亮：寻找消极情绪的积极力量

◎ 活动理念

在咨询工作中，我们发现有很多学生对自己有不合理的期待，希望自己总处在开心状态，不愿意接纳或表露自己的消极情绪，当体验到消极情绪时，总是急于摆脱，尝试了各种办法，然而往往事与愿违，陷入情绪中无法自拔。特别是对于忧伤、抑郁等类似情绪，更是避之不及，部分同学会采取自伤、自残等行为，以此来缓解悲伤抑郁情绪带来的痛苦体验。因此，帮助学生认识到像悲伤等消极情绪也是有价值的，学会看见、接纳和照顾自己的消极情绪，培养对消极情绪的积极认知和思维显得重要且必要。

本节课将通过电影《头脑特工队》关于"忧忧"的片段，结合"情绪对话卡"，让学生们学会在日常生活中去看见、接纳和照顾自己的消极情绪，提升情绪管理能力，培养积极心态和应对能力。

◎ 活动目标

1. 认知目标：引导学生认识悲伤及其他消极情绪存在的意义。
2. 情感目标：引导学生体验和表达消极情绪，同时发现这些情绪背后的积极潜力。
3. 行为目标：在生活中保持积极心态，面对消极情绪时能积极应对。

◎ 活动重难点

1. 让学生看到悲伤及其他消极情绪的积极意义。
2. 在生活中保持积极心态，面对消极情绪时能积极应对。

◎ 活动准备

学习单、情绪对话卡、背景音乐、《头脑特工队》视频片段，学生分为两组。

◎ **活动对象**

初中学生

◎ **活动过程**

一、暖身阶段

活动：我说你猜 PK 秀

1. 时间：5 分钟。

2. 准备：消极情绪卡，学生分为两组。

3. 活动方法：

（1）将学生分为两组，每一组派出一位代表，在情绪卡中随机抽出 5 张，作为游戏的题目（情绪卡为教师事先筛选出的消极情绪卡）。

（2）每组代表针对抽出的 5 张情绪卡，以举例或解释的方式来说明此情绪，例如：抽到"伤心"，可以举例："自己的东西被别人弄坏了"或"爸妈吵架了"等，并开始计时，看哪一组最快猜完。

（3）不能直接说出该情绪词。

4. 提问：看得出来大家对这些情绪非常熟悉，很快就猜到了，也看到了大家的团队合作力。这些情绪有一个共同的特点，大家发现了吗？

学生 1：都是消极情绪。

学生 2：这些情绪会让我们变得不开心。

5. 小结：大家喜欢这些情绪吗？我看到很多同学都在使劲摇头或摆手，整个身体都在抗拒。那么这些情绪到底有没有存在的价值呢？人类几千年的进化，这些情绪为什么会得以保存下来，它们的存在价值是什么呢？今天，我们一起来重新认识我们的消极情绪吧。

【设计意图】通过此游戏，一方面活跃了气氛，另一方面加深了大家对情绪的理解，引出主题。

二、转换阶段

活动：看见我的消极情绪

1.时间：8分钟。

2.准备：情绪对话卡。

3.活动方法：

（1）回顾让你印象深刻的糟糕的某一天或某一周，细细地觉察，你体会到了哪些消极情绪？请从"情绪对话卡"中选出能描述你情绪的卡片。

（2）小组分享：你最想分享哪一种情绪？当时发生了什么？

4.小结：大家的情绪觉察能力非常棒，也感谢大家的真诚分享。刚刚大家分享的这些情绪，除了带给我们不好的体验，它的出现是想告诉我们什么呢？

【设计意图】通过情绪对话卡，引导学生学会觉察自己的消极情绪。

三、工作阶段

活动一：接纳我的消极情绪

1.时间：10分钟。

2.准备：2个《头脑特工队》视频片段。

3.活动方法：

（1）视频剧情介绍：莱丽的各种情绪一直在为莱丽开学做着各种准备，唯独忧忧被排除在外，忧忧不被允许触碰莱丽的记忆球，甚至为忧忧画了个圈，要求其待在里面。

提问：

①大家觉得小女孩可能一直希望自己是怎样的状态？

②当"忧忧"出现时，大家对它的态度如何？

③大家不待见它，不让忧忧碰记忆球时，它的反应如何？

④关于情绪，你有哪些新的发现？

分享与小结：是的，最开始忧忧不被大家接纳，可是它反而出现得更频繁。

忧忧不小心改变了核心记忆球的颜色后,会发生什么呢? 我们一起继续看视频。

（2）视频剧情介绍:忧忧的出现,让原本准备离家出走的小女孩意识到她想明尼苏达,想以前的伙伴,所以跳下了公交车,跑回家,告诉父母自己的感受,让父母知道了她真正的想法, 及时给予帮助与支持。

提问:忧忧的出现有怎样的价值? 大家接纳忧忧后,带来了怎样的变化?

（3）分享与小结:所以允许忧忧的出现,可以让我们的情感得到宣泄与释放,以便身边人及时发现并提供帮助。同时,可以让我们看到内心真正的渴望与需求。

4.小结:消极情绪与积极情绪一样,都是我们的正常情绪反应,每个人都拥有积极情绪和消极情绪。

【设计意图】通过视频,引导学生讨论与分享,让学生看到消极情绪的合理存在,知道消极情绪也是我们的正常情绪反应。

活动二: 探寻消极情绪的价值

1.时间: 8分钟。

2.活动方法:

（1）学生以小组为单位, 抽取消极情绪卡。

（2）小组讨论抽取到的消极情绪有哪些价值。

3.分享。

4.小结: 每种消极情绪都有它的价值与意义,我们需要去看到它并接纳它,同时,我们也应该学着去照顾我们的情绪,以一种更合理的方式去表达消极情绪。不伤害别人,也不伤害自己。

【设计意图】通过消极情绪卡,引导学生讨论与分享,让学生认识到接纳消极情绪比一味地压抑更好,试着去看到情绪背后的需求,探寻消极情绪的积极意义。

活动三: 照顾我的消极情绪

1.时间: 5分钟。

2.活动方法:

请同学们从情绪对话卡中选择你今天想要照顾自身情绪的方式。

3. 分享。

如：我想邀请"和解"陪伴今天的自己。与自己和解，与别人和解。

4. 小结：我们可以用慈悲与爱来照顾自己的消极情绪，对自身消极的情绪反应以安慰和理解。

【设计意图】通过让学生选择情绪对话卡中的因应卡，找到想要照顾今天情绪的方式。这可以为学生提供更多照顾情绪的方式。

四、结束阶段

活动：消极情绪新认知

1. 时间：4 分钟。

2. 提问：通过本节课的学习，对于消极情绪你有哪些新的体会与认识呢？

3. 分享。

4. 小结：每种情绪都有它存在的意义，我们需要去看到它、接纳它、倾听它内心的声音，并予以照顾。

【设计意图】总结升华，加深对情绪的认识与理解。

◎ 板书设计

探寻光亮：寻找消极情绪的积极力量

看见 ⟹ 接纳 ⟹ 照顾

◎ 活动反思

本堂课以电影《头脑特工队》为线索，引导学生正确认识悲伤，看见悲伤的影响，更重要的是明白"忧忧"的价值，从而改变观念。悲伤这一负面（消极）情绪有着巨大的积极作用，我们需要感受悲伤，接纳悲伤，表达悲伤。

本堂课的亮点在于结合了情绪对话卡，帮助学生更好地觉察情绪，同时为学生在日常生活中更好地照顾情绪提供了更多的方式，以此作参考。

◎ 资料附录

学习单

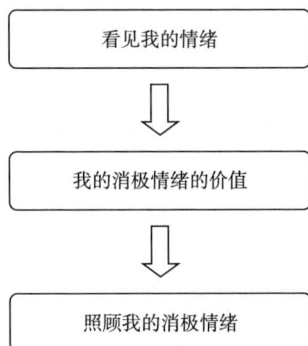

◎ 推荐书籍

《写给想哭的你》

第三章　扎根土壤：成长型思维

◎ 活动理念

教育部在《中小学心理健康教育指导纲要（2012 年修订）》中提出，心理健康教育的总目标是：提高全体学生的心理素质，培养他们积极乐观、健康向上的心理品质，充分开发他们的心理潜能，促进学生身心和谐可持续发展，为他们健康成长和幸福生活奠定基础。

进入初中阶段，学生处于生理和心理发展的关键时期，情绪情感上还不够稳定，有时在面对一些困境时常常感到沮丧和失望。成长型思维是由心理学家卡罗尔·德韦克提出的概念，是指相信自己的能力和智力是可以通过努力、学习和持续发展而提高的一种观念。基于此，在学生成长的过程中，若能引导学生用成长型思维进行思考，辅以有效的方法加以训练，就能帮助他们突破一个个难关，提升其心理韧性。本节中用植物根生长的过程代表人的成长过程，用"土壤"来指代"生活"。

◎ 活动目标

1. 认知目标：了解固定型思维模式和成长型思维模式，及它们对情绪、行为的影响。

2. 情感目标：体验成长型思维带来的积极情绪和自我成长的动力。

3. 行为目标：尝试觉察日常学习困难情境中自己的固定型思维，并在活动中用成长型思维模式与其对话，初步体验成长型思维带来的力量。

◎ 活动重难点

1. 通过活动识别在面对困境时产生的固定型思维，体验成长型思维带来的积极情绪体验。

2. 在活动中通过成长型思维模式应对困境。

◎ 活动准备

《小橡果扎根之旅》视频、A4 纸、签字笔、《固定型思维 VS 成长型思维》视频、五种生活情景故事、土壤箱。

◎ 活动对象

初中生

◎ 活动过程

一、暖身阶段

> 活动：扎"根"之旅

1. 时间：5 分钟。

2. 准备：《小橡果扎根之旅》视频。

3. 活动方法：

（1）思考并分享：预测一下，小橡果能够扎根成功吗？

小结：如果植物要向上生长，必先向下扎根，我们也是一样，想要让自己的人生绽放出独特的光芒，就得在生命的土壤中深深地扎根。

（2）思考并分享：面对连续的失败，它可能会产生哪些想法？

小结：面对相似的事情，为什么有人从容不迫、坚韧向前，有人却焦虑沮丧、退缩逃避呢？其实这跟我们的思维模式有关，斯坦福大学行为心理学教授罗尔·德韦克提出人们在面对事件时会有两种不同的思维模式：固定型思维与成长型思维。

【设计意图】活跃气氛，感受不同的思维模式对人的影响，引入课题。

二、转换阶段

> 活动："根"之认识

1. 时间：8 分钟。

2. 准备：《固定型思维 VS 成长型思维》视频。

3. 活动方法：

（1）思考；

①两种思维模式有什么区别和特点？

②你觉得自己的思维模式是怎样的？

（2）分享。

4. 小结：正如有些同学发现的那样，自己似乎两种思维模式都有。德韦克教授也说了，每个人都是同时拥有这两种思维模式，只是所占的比重不同。这两种思维模式分别会给我们带来什么情绪感受呢？

【设计意图】通过视频引导学生了解两种思维模式，接纳两种思维方式的存在。

三、工作阶段

活动一："根"之体验

1. 时间：10分钟。

2. 准备：五种生活情景故事。

3. 活动方法：

（1）出示五种贴近学生生活的情景；

（2）角色扮演，邀请2位同学分别扮演固定型思维者和成长型思维者。

4. 小结：从刚才我与"根"的体验活动中，可以看出固定型思维使个体更容易产生自卑、自我否定等消极情绪，而成长型思维则促使个体产生激励、自信等积极情绪。

【设计意图】通过角色扮演，感受固定型思维和成长型思维给我们带来的不同情绪体验，初步唤起成长型思维带来的积极情绪感受和成长的动力。

活动二："根"之稳固

1. 时间：12分钟。

2. 准备：A4纸、签字笔、土壤箱。

3. 活动方法：

（1）写下植物在扎根过程中会遇到的阻碍；

（2）写下你的"扎根卡住"时刻，（困扰你的一件事，如来自学习、人际关系、家庭关系等），然后放入土壤箱之中；

（3）用成长型思维应对"扎根卡住"时刻。

①每个小组在土壤箱中抽取 1 个"扎根卡住"时刻纸条。

②小组成员讨论，给出尽量多的成长型思维建议，并写在纸上。

③分享。

4. 小结：土壤里不只有养分，也有石头、害虫和毒素。在植物扎根的过程中，如果碰到岩石过不去了，植物会通过缝隙或者绕过它继续往下深深扎根，而我们在学习生活中，若是也碰到了这样的石头，那么我们也不能向它妥协，而是要勇于面对，深深地扎根于生活土壤之中。

【设计意图】尝试觉察日常学习、生活困难情境中自己的固定型思维，并尝试用成长型思维模式与其对话，初步体验成长型思维带来的自我成长动力。

四、结束阶段

活动："根"之心声

1. 时间：5 分钟。

2. 活动方法：用一句话，对本节课的感受进行分享，可以用"我最有感触的""我觉察到""我学会"等句式开头。

3. 小结：生活中总会有很多困扰我们的时刻，只要我们努力地向下扎根，便会为未来的苗壮成长打下坚实基础。在成长过程中我们可能看不到明显的进步，会让人感到沮丧，怀疑自己的能力，但其实你并不是没有成长，而是在深深地扎根。

【设计意图】通过分享感悟和收获，强化成长型思维带来的积极力量，唤起学生用成长型思维看待困境的意识。

◎ 板书设计

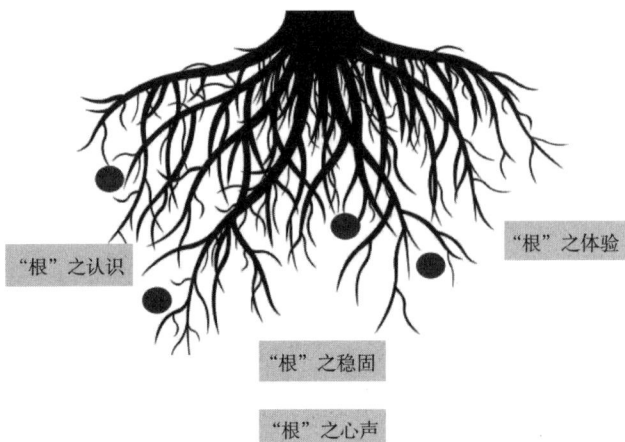

"根"之认识

"根"之体验

"根"之稳固

"根"之心声

◎ 活动反思

本节课的设计选题符合学生需要，贴近学生实际生活。本课以植物的扎根阶段为线索，让学生了解不同思维方式对自己的影响，体验在面对困境时，成长型思维给自己带来的不同感受和体验。在面对困境时，能够积极思考如何面对和解决问题，促进自己的成长。

整节课教学环节设计合理、环环相扣，过程中要关注学生的体验、感悟和分享。本节课在"根"之稳固环节可以给学生更多时间，让学生可以通过从他人角度、自我角度体验"从固定型思维向成长型思维"转换的过程，从而在实际生活中能够更好地运用成长型思维。

◎ 资料附录

1.五种生活情景故事

第一种：

面对挑战：老师希望你去参加一个有点难度的比赛……

固定型思维：只要我不去挑战，我就不会失败。【情绪体验：害怕】

成长型思维：哪怕失败了，我也能露个脸，积累经验。【情绪体验：期待】

第二种：

对待挫折：这次数学又考砸了……

　　固定型思维：哎，我真不聪明，真没用，早就该放弃了。【情绪体验：失望】

　　成长型思维：我只是暂时没考好，只要我多做一些练习，肯定能提高。【情绪体验：自信】

　　第三种：

　　对待批评：语文老师找我去办公室，批评说我今天的作业错误太多……

　　固定型思维：真倒霉，今天真是太糟糕了。【情绪体验：伤心】

　　成长型思维：意外在所难免，我下次再认真仔细点就好了。【情绪体验：激励】

　　第四种：

　　对待努力：你和好朋友晓晓一起参加舞蹈晋级考试，你努力了但没有晋级，但是她晋级了……

　　固定型思维：同样努力，但我还是不如她。【情绪体验：自卑】

　　成长型思维：晓晓既然能过，我肯定也能过，估计还是我练习得不够，还得继续练习。【情绪体验：平静】

　　第五种：

　　对待他人成功：你的好朋友小强最近成绩进步很快，两次考试都超过了你……

　　固定型思维：这次他又考得比我好，郁闷，怎么就他一直进步，我退步呢！【情绪体验：气愤】

　　成长型思维：他可真厉害，下课去请教一下他，取取经，看看他有什么学习方法可以借鉴一下。【情绪体验：羡慕】

　　2. 成长型思维量表

　　指导语：下面有一些问题，请选出你在多大的程度上同意或者不同意这些情况，请按照自己的真实情况如实填写。

题目	非常同意	同意	不同意	非常不同意
1. 你的智力对你来说是非常基本的，同时无法有太多改变的东西。	3	2	1	0
2. 不管你的智力有多高，你总是能改变它一点。	3	2	1	0
3. 你总是能够在很大程度上改变你的智慧。	3	2	1	0
4. 你是一种特定类型的人，想要真的改变这一点，能做的事情很少。	3	2	1	0

续表

题目	非常同意	同意	不同意	非常不同意
5. 你是某种特定类型的人，你总是能够改变一些基本的东西。	3	2	1	0
6. 音乐的才能是任何人都可以通过学习而获得的。	3	2	1	0
7. 只有少数人真正擅长体育，这个天赋是生来如此的。	3	2	1	0
8. 如果你是男孩子，或者如果来自一个重视数学的家庭，那么数学的学习会更加容易。	3	2	1	0
9. 你在某个方面越努力，那么你就会越擅长这个领域。	3	2	1	0
10. 不管你是哪种类型的人，你都总是能够在很大程度上改变。	3	2	1	0
11. 对我而言尝试新鲜事物很有压力，而我也尽力去避免尝试新鲜事物。	3	2	1	0
12. 有一些人很好很友善，有一些人并不如此，人通常是不怎么会改变的。	3	2	1	0
13. 当我的父母、老师对我的表现给予反馈的时候，我会对他们很感激。	3	2	1	0
14. 当我收到对我的表现的反馈的时候，我通常会很生气。	3	2	1	0
15. 所有大脑没有受过伤的，以及没有生理缺陷的人都具有相同的学习量。	3	2	1	0
16. 你能学习新的知识，但是你不能真的改变你的智慧。	3	2	1	0
17. 你能够用不同的方法来处理事情，但是关于你是谁的重要部分却不能够被真正地改变。	3	2	1	0
18. 人们基本上都是善良的，但有时会作出糟糕的决定。	3	2	1	0
19. 我完成学业任务的重要原因是我喜欢学习新的事物。	3	2	1	0
20. 真正聪明的人，并不需要努力。	3	2	1	0

来源：家晓余 . 个体能力观对创造性思维的影响——基于元认知的框架 [D]. 杭州：浙江大学，2018.

3. 成长型思维量表 -8

题目	非常不符合	不符合	不确定	符合	非常符合
1. 你的智力对你来说是非常基本的，你几乎无法改变。	1	2	3	4	5
2. 你可以学习新的事物，但是你无法改变你的基本智力。	1	2	3	4	5
3. 无论你的智力水平如何，你总能作出些改变。	1	2	3	4	5
4. 你总是可以在很大程度上改变你的智力水平。	1	2	3	4	5
5. 你是某种特定类型的人，没有什么可以改变。	1	2	3	4	5
6. 不论你是什么类型的人，你总能作出大幅度的改变。	1	2	3	4	5
7. 你能够用不同的方法来处理事情，但是关于你是谁的重要部分却不能够被真正地改变。	1	2	3	4	5
8. 你总可以改变那些决定你是哪一种人的基本事实。	1	2	3	4	5

根据 Dweck C. 的 *Mindset:The new psychology of success*（2006）翻译。

◎ **推荐书籍**

《终身成长》

第四章　吸收养分：我的快乐密码

◎ 活动理念

乐观是积极心理学中 24 项积极人格特质之一，就是无论在什么情况下，即使境遇再差也有个"美好的信念"，始终期待未来最美好事情的发生，并努力去达成这一愿望，相信未来的美好是能够实现的。

初中生正处于人生中的一个特殊时期，遇到学习、生活中的不如意时，普遍存在自我评价低、对自我的认识不够全面、客观，容易对问题的认识产生偏差，易形成"习得性无助"。积极心理学之父马丁·塞利格曼用大量令人信服的实验和调查证据告诉人们：乐观的人能在逆境中更好地成长，也更容易走上一条绝妙无比的成功之路。根据研究，乐观是可以习得的，通过学习、练习，可以提升乐观品质。因此有意识地引导学生以更加积极的心态对待生活和学习中的不如意，形成积极乐观的心态，从而使自己成为一个更有生命力和担当的人，对他们人格的形成和完善具有促进作用。生活中有各种各样的养分，如爱、坚持、信仰等，本章中讲述的养分主要是乐观，它是我们人成长过程中所需的养分之一，吸收了"乐观"养分会让我们的生活更加美好。

◎ 活动目标

1. 认知目标：认识到乐观品质可以通过学习和训练得以提升。

2. 情感目标：在活动中体会、感悟乐观品质带来的具体情绪体验。

3. 行为目标：初步掌握提升乐观品质的方法并加以运用。

◎ 活动重难点

1. 通过活动体验乐观品质带来的积极情绪感受。

2. 在实际生活中运用总结的方法提升乐观品质。

◎ 活动准备

"乐观岛"求助信、植物精灵卡片，每4人一个小组。

◎ 活动对象

初中生

◎ 活动过程

一、暖身阶段

活动：抓住"乐观"

1. 时间：5分钟。

2. 准备：植物精灵卡片（一人一张）。

大家好，欢迎来到乐观岛，我是乐观岛的植物精灵，乐观岛因土壤富含"乐观"这一养分而得名，岛上的植物们都需要"乐观"这一特殊的养分才能茁壮成长……

3. 活动方法：

（1）同学们现在都化身为植物精灵，每个小组组员围成一个圈，请大家左手掌心向下，右手食指垂直向上，放在旁边同学的左手掌心之下。

（2）老师念出一段文字，当听到"乐观"一词时，所有精灵的左手要抓住左侧精灵的食指，同时自己的右手食指要迅速逃离，不要被右侧精灵抓住。

4. 分享活动感受。

5. 小结：植物的健康生长需要养分，而乐观也是我们人成长必不可少的养分之一。

【设计意图】创设情境，引入课堂，活跃气氛，引出课题。

二、转换阶段

活动："乐观岛"求助信

1. 时间：8分钟。

2.准备："乐观岛"求助信。

前不久有一位巫师闯入岛上，吸走了土壤里的"乐观"养分，并把它锁进了一个宝箱，现在植物们都很绝望，奄奄一息，我们需要解决巫师留下的3个难题，找到3个密码才能打开宝箱，让"乐观"养分重新回到土壤里。你们愿意帮助植物们找回"乐观"养分，让它们健康向上生长吗？

3.活动方法：

（1）思考：

①同学们你们愿意接受挑战，帮助它们找回"乐观"养分吗？

②你们理解的乐观是什么？如果它有形状、色彩，你会用什么来表示它。

（2）分享。

4.小结：长时间处于乐观色彩的环境中，会让我们的情绪也处于积极的状态中。综合同学们刚才所说，乐观就是无论在什么情况下，即使境遇再差也有个"美好的信念"，始终期待未来最美好事情的发生，并努力去达成这一愿望；相信未来的美好是能够实现的。

【设计意图】初步认识乐观，以及乐观给我们带来的积极情绪体验。

三、工作阶段

活动一：寻找乐观密码

（一）关注积极、正向信息

1.时间：5分钟。

2.准备：植物精灵的难题材料（植物精灵萌萌、乐乐修炼记）

3.活动方法：

（1）出示情景案例：两个植物精灵在面对同一件事时，不同的表现；

（2）思考：两个植物精灵有什么不一样的表现呢？为什么它们会如此不同呢？

（3）分享。

4.小结：恭喜大家获得了开启乐观宝箱的第一个密码，关注事件的积极、正向信息。

（二）合理归因

1. 时间：8分钟。

2. 活动方法：

（1）小组讨论：精灵萌萌、乐乐在修炼中遭遇困难时的归因方式有何不同，及各自给大家带来什么感受?

（2）分享。

3. 总结：恭喜大家通过第二关，获得了开启乐观宝箱的第二个密码——合理归因。

人们对待同一件事，可能会有不同的情绪和行为反应，这往往不是取决于事件本身，而是取决于人们对引发事件背后的原因分析，即归因认知。对生活中出现的困难进行合理的归因，可以让自己更加积极乐观。

（三）永怀希望

1. 时间：3分钟。

2. 活动方法：

（1）思考：看到精灵们对自己未来的看法，你有何感悟?

（2）分享。

3. 小结：恭喜大家通过第三关，获得了开启乐观宝箱的第三个密码——永怀希望。在看到困难时，相信自己，无论多么困难的事，总会找到解决办法，对自己的未来永怀希望。现在大家已经获得了开启乐观宝箱的3个密码，"乐观"养分已重新回到乐观岛的土壤之中，植物们特别感谢大家的帮助。

活动二：乐观小精灵

1. 时间：6分钟。

2. 准备：4人一组。

3. 活动方法：

（1）小组同学轮流分享自己近期不开心的事件，其他成员分别运用乐观的3个密码进行反馈；

（2）分享。

4.小结：希望大家在实际生活中去发现更多属于自己的乐观密码，让我们的生活更加美好。

【设计意图】创设情境，激发学生探索的积极性，初步总结出提升乐观品质的方法并加以运用。

四、结束阶段

活动：乐观警示

1.时间：5分钟。

2.活动方法：

（1）思考：乐观＝阿Q精神吗？

（2）分享。

3.小结：我们不需要盲目的乐观，我们需要的是弹性的乐观，假如我们面临一件危险而不确定的事时，若它会给自己的生命带来危险，请不要使用乐观。愿我们每个人都学会乐观，在面对困难时，学会关注正面信息，怀揣着对未来的积极希望，健康、积极地向上生长。

【设计意图】通过引导，做出乐观警示，避免盲目乐观，升华对乐观的体验和感受。

◎ 板书设计

我的乐观密码

关注积极、正向信息

合理归因

永怀希望

◎ 活动反思

乐观与学生的实际生活息息相关，属于积极心理品质之一。本节课通过创设情境——乐观岛、乐观宝箱、探索开启宝箱的密码，引导学生通过言语讨论和行动探索进行一一揭秘，充分调动了学生的探索需求。本节课聚焦于通过关注积极、正向信息，合理归因和永怀希望3种方式来提升学生的乐观品质。在工作阶段通过乐观宝箱和乐观密码的探寻，提升学生的参与兴趣，增强学生在活动中的体验感。但在实际操作过程中发现，本节课容量比较大，学生对乐观方法在实际生活案例中的运用有所不足。

◎ 资料附录

1.抓住"乐观"活动文字材料

植物在生长过程中，需要不断地汲取养分，没有养分的滋润，植物会枯萎。而人的一生如同一场旅行，会遇到各种各样的困难和挫折。而乐观就如同一种养分，可以滋养我们的心灵，使我们能够积极面对生活的挑战。乐观也许是一股清泉，当你在沙漠中迷路时，让你看见了希望；乐观也许是一盏灯，在你混沌的人生中，照亮了你。乐观的心态能够帮助我们更好地应对困难，我们需要乐观，乐观让生活更美好，所以请让乐观成为我们生活中最美的风景。

2.植物精灵萌萌、乐乐修炼记

两个植物精灵萌萌、乐乐同时在修炼，修炼秘籍好像挺难，花了一天的时间，它们只是领悟了秘籍的第一关……

萌萌觉得，我怎么总是停留在第一关，花了一天时间什么成果也没有，我真差劲，太失败了，什么办法也没有，看来我真不是修炼的料。

乐乐觉得，这个主题的修炼刚好是我不擅长的，花了一天时间，虽然还没有突破第二关，但至少练成了第一关，我想我可以去请教一下练习成功的前辈，它们应该可以给我提供帮助。我想我只要找对了方法，加上努力练习，一定会有所收获的。

◎ 推荐电影

《当幸福来敲门》

第三篇　积极关系

　　生命历程中的人际交往是任何人都无法避免的，良好的人际关系可以增加生命意义和社会联系，有助于提高人们的主观幸福感和满意度，对心理健康产生积极的影响，减少心理负担和疾病，改善人际互动的质量，强化社交支持，甚至对组织运作和团队合作也产生重要的影响。

　　积极关系是指个体与他人、个体与事物、个体与自己之间积极的情感交往和关联，是团结、信任和合作，也是理解、和谐与爱的体现。通过共享知识、经验和情感，促进人与人之间、自己与自己内在之间的融洽与和谐。

　　本篇包括花与风的故事、花与花的交流和花与叶的温暖，经过生命的探索，发现了光明，吸收了营养，能够扎根土壤。好似一颗有灵魂的种子进入了学龄初期，希望与周围的世界有更多的连接与交往，愿意讲述自己的故事也倾听朋友的故事，愿意感知世界的温暖也学会奉献自己的爱。

第一章　花与风的故事：换位思考

◎ 活动理念

初中生正处于人生中的第二个重要发展的阶段——青春期，身心都在急速变化中。在这一阶段，认知能力的发展，让他们对事物的状况有了一定的把控能力，对事物有自己的独立见解。在这一阶段，开始与父母发生冲突，开始更加在意同伴的评价。人际关系是否和谐，对他们的身心健康起着重要的影响。所以，在这一阶段，让他们产生换位思考的意识，学会换位思考的方法，从不同的角度看待人、事、物。本章内容结合植物世界，把人与人之间的关系想成花儿和清风，它们相互依存、换位思考、互相勉励，更加有利于关系和谐，促进彼此的身心健康发展。

◎ 活动目标

1. 认知目标：通过活动感悟换位思考的意义。

2. 情感目标：在活动中感悟换位思考给人际关系带来的好处。

3. 行为目标：通过运用换位思考的方法解决生活场景中的真实事件，进一步体验换位思考。

◎ 活动重难点

在生活场景中运用换位思考帮助自己化解矛盾。

◎ 活动准备

学生6人一组围桌坐，确定组长和记录员；有争议的数字卡片——6，3个场景故事，男孩视角和母亲视角的情境图，签字笔、A4纸。

◎ **活动对象**

初中生

◎ **活动过程**

微风袭来，你感受到了什么，有什么不一样的味道呢？有微风，有花香。正是因为有微风的帮助，花香四溢并渗透在微风中，飘散在每个角落，让人留念。人际交往中的双方就像那一丝花香，一缕清风，彼此之间互相欣赏，互相勉励，双方的生活都多了一份唯美。

一、暖身阶段

活动：初感——清风与花香

1.时间：5分钟。

2.准备：有争议的数字卡片——6。

3.活动方法：

（1）出示有争议的数字卡片——6；

提问：到底是6还是9呢？

（2）大家做了什么而停止了争论呢？（揭示课题——换位思考）

（3）思考：什么是换位思考呢？（学生自由发挥，谈对换位思考的认识）

4.小结：站在别人的角度思考问题，就是换位思考。这是一种为他人着想、想人所想、理解对方的处理人际关系的思考方式。换位思考是一种理解，也是一种关爱。

【设计意图】用不同角度观察数字6，得到的数字不同来引出辅导主题，再从生活中无处不在的互帮互助中，让学生体验换位思考的重要性。

二、转换阶段

活动一：演绎——你是风，我是花

1.时间：8分钟。

2.准备：学生6人一组围桌坐，定下组长和记录员；孩子视角和家长视角的情境图。

3.活动方法：

（1）根据提供的材料，以小组为单位进行分享，记录员将图中人物可能会有的行为和语言记录在空白处。每个小组成员感受行为和语言，自荐或推荐一位同学将写下的行为和语言用自己喜欢的方式表演出来。

（2）请愿意的同学在全班同学面前用自己喜欢的方式表演。

（3）男孩组和母亲组各选一名同学进行同台表演。

4.小结：同学们刚才通过孩子视角和家长视角观察与感受了冲突，从亲子冲突的内容、深层原因等方面来改善亲子的相处，除此之外，我们还可以从第三方视角来观察亲子冲突。

【设计意图】运用"透视三角策略"（"他"的视角、"我"的视角、"你"的视角）理论将冲突用孩子视角、家长视角和第三方视角表演出来，让学生在读规则和观看情境图时，慢慢进入角色，在扮演活动中，清风（家长）、花儿（孩子）与其他事物（第三方）感受换位思考。

活动二：风与花相互理解

1.时间：12分钟。

2.活动方法：

（1）第三方视角：

①思考并分享：在刚才的表演中，你看到了什么？

小结：我们站在另一个角度，对自己刚才的行为和语言进行观察，这就叫作换位观察。（**板书：换位观察**）

②思考并分享：从刚才的观察中，你感受到男孩和母亲分别带有什么情绪？

小结：感受对方的情绪，这叫作换位感受。（**板书：换位感受**）

（2）思考并分享：

①表演的同学，作为孩子/家长，刚才你都有哪些情绪呢？

②各位观察者，听了刚才表演同学的分享，你有什么想说的？

小结：当我们换一个角度去观察，就会产生理解的想法，这就是换位理解。

（板书：换位理解）

（3）还原学生角色：

感谢两位同学的表演，但请问，你是故事中的男孩吗？你叫什么名字？请你跟我说：我不是故事中的男孩，我是×××。我不是故事中的妈妈，我是×××。

【活动意图】通过不同角色的采访分享，学生自我发现换位观察、换位感受和换位理解。

三、工作阶段

活动：风与花相知相爱

1. 时间：8分钟。

2. 准备：A4纸、签字笔。

3. 活动过程：

通过换位理解，大家觉得男孩或者母亲又会有什么行为或者语言呢？

（1）小组分工合作，讨论分享并记录。

（2）学生分享自己的想法后，再次用语言或者动作上台表演，表达自己的真实想法。

（3）请台下学生谈谈改变后的行为和语言让自己听了有哪些感受？

（4）请表演的同学分享和第一次表演相比是什么感受？

（5）去角色：我不是故事中的男孩，我是×××。我不是故事中的妈妈，我是×××。

（6）思考并分享：换位思考的好处。

4. 小结：是的，换位思考给我带来如此多的好处。比如：心态平和，避免矛盾，人际关系和谐……当我们学会换位观察、换位感受和换位理解后，就会改变我们的行为，做到换位思考。

【设计意图】通过学生的表演，从不同的角度去观察，感受，理解。学会换位思考，从而感受换位思考带来的好处，树立在日常生活情境中进行换位思考的意识，促进人际和谐。

四、结束阶段

活动：风与花启航远方

1. 时间：7分钟。

2. 准备：3个场景故事。

3. 活动方法：

（1）假如遇到了故事中的场景，你会怎么想，怎么做呢？

（2）通过今天的换位观察/换位感受/换位理解的练习，你想说什么？

4. 小结：今天，我们运用"透视三角策略"从不同视角观察冲突中成员的表现，体会到不同身份角色的感受，学会了换位思考。让我们带着灵活的思维轻松迎接未来的生活吧！

【设计意图】将刚学到的换位思考的方法在生活情境中进行练习运用，理解对方，让自己更加平和，拥有更和谐的人际关系。清风和花香能飘得更远，影响更深。

◎ 板书设计

花与风的故事
——换位思考
换位观察　心态平和
换位感受　避免矛盾
换位理解　和谐人际

◎ 活动反思

在本次活动中，把花香和清风隐喻在整体活动中，关系亲近，甚至互相依存，它们之间可以互相帮助、互相鼓励、互相理解，多替对方着想。用图文形式进行情境展示时，谨防学生进入角色时间过长，影响时间设置。在情境展示时，拍成视频可能会好一些。本次活动中，容易出现学生抵触学习换位思考的方法，因为他认为站在自己的母亲方，进行换位思考完全没用。在处理学生出现的抵触情绪时，就有一点固化在亲子关系的换位思考里了，所以，可以现场转化为其他关系的换位思考；或者允许他的抵触情绪存在，可以让他作为旁观者进行观察，利用同龄人的想法和感受的资源，对他进行现场启发。

◎ 资料附录

1. 学生阅读材料

男孩视角和母亲视角的情境图：

你做完作业，同学就邀请你玩会儿游戏。你想着作业也写完了，所以就答应了同学的邀请。

一天天的，就知道玩手机，作业也不做，跟你说了多少遍……

你玩得正开心，一抬头，就看见怒气冲冲的妈妈。

你忙碌了一天，下班回到家，敲了半天门，没有人回应。你摸出钥匙打开门就听到了从孩子房间里传来的游戏声音，你走过去，看到孩子的作业摆在旁边，而他正坐在地上玩游戏。

2. 辅导过程的练习材料

3 个场景故事：

场景一：课间操时，自己的书本被同学 A 水杯中的水打湿了。

学生 1：想到他过路的时候也不是故意的，自己把书本捡起来，回家找吹风机吹干。

学生 2：他把我的书本打湿后，真诚地给我道歉了，也帮我捡了起来，我原谅了他。

学生 3：他横冲直撞，造成严重后果，还一副不屑的样子。我心平气和地叫住他，给他讲这样的行为习惯和事后的处理方式不太礼貌，对方虚心接受了我的意见，我们也和好如初。

场景二：和同学 B 约定周末出去玩，而你也期待了很久。可是他却不来了。

学生 1：猜想他是不是有什么重要的事情临时耽搁了，我换位思考想到要是自己有紧急的事，肯定也会先处理，所以我很理解同学的做法。

学生 2：他说爽约的原因是路上有交通事故无法通行，他还真诚地给我道歉，说下次一起玩会提前一些时间出门。我原谅了他，并且约定下个周末一起去郊游。

学生 3：我一直等他，可他却没有出现，我只好失落地回家了。事后，我知道他约了其他同学去玩了。我找他讨要说法，说他不讲信用，一点也不考虑我的感受，不会理解别人。

场景三：爸爸说你成绩考好了就奖励你期待已久的一个礼物，而当你期末考试考好了，他却说不奖励了。

学生1：我会向爸爸表达我自己不只是为了获得礼物而努力，我心中也有学习的动力，懂得学习的重要性。但因为爸爸您事先有承诺，有期望，因此我也有期待，因此向爸爸表达我失落的心情，希望能换位思考，考虑我的感受。

学生2：爸爸真诚地给我道歉并补买了礼物，我原谅了爸爸。

学生3：我一直在等爸爸道歉，可是他始终没有道歉，后来我找他理论：他这样做是否考虑过我的感受，为什么不懂得为他人着想。

◎ 推荐电影

《废材老爸》

第二章　花与花的交流：人际和谐

◎ 活动理念

本课融合了积极心理学和社会学习理论。积极心理学强调个体的优势和潜能，鼓励学生发现和利用自己的积极特质来提升幸福感和生活满意度。社会学习理论则认为，个体的行为和思维模式可以通过观察他人和模仿学习获得，强调了环境和榜样在个体学习过程中的作用。

本教学设计是从发现自己的好性格、行为习惯这一情境贯穿整堂课，指导学生从生活中的真实事件寻找同学的交往优点；用智慧去解决交往中的矛盾与冲突，从而找到维持人际和谐的方法。整个活动关注了学生心理发展需要和接受意愿，以活动为载体，运用各种方法与形式，如情景创设、小游戏、同桌合作，借助学习单交流讨论和分享体验等，引导学生自主参与，达到学生自主解决与同学交往中的矛盾的目的。

◎ 活动目标

1.认知目标：理解人际交往中积极行为的重要性，以及这些行为如何对建立良好关系产生积极影响。

2.情感目标：通过活动能够感受到受欢迎同学的积极品质，并产生共鸣。

3.行为目标：能够模仿受欢迎同学的积极行为，尝试将其应用到自己的人际交往中。

◎ 活动重难点

1.在活动中运用交友方法帮助自己化解矛盾。

2.学生能够在实际的社交场合中，运用所学的社交智慧，促进和谐的人际关系建立。

◎ **活动准备**

视频《当冲突发生时》、镜子墙、《人际和谐》学习单、签字笔、蓝色系列马克笔、4人一组、课前调查同学相处情况。

◎ **活动对象**

小学中高段学生

◎ **活动过程**

一、暖身阶段

活动：发现"花"之优——肯定自我

1. 时间：5分钟。

2. 活动方法：

（1）老师说"大风吹"，学生齐声问"吹什么？"，老师答："吹具有×××特点的人。"具有×××特点的同学就迅速站起来，直到老师说"坐下"时再坐下来。注意：听口令，动作要快，站起坐下声音要轻。

（2）分享：在刚才的活动中，你站起来几次？分别是在哪几个特征时站起来的呢？

3. 小结：正是这许许多多外貌、特长、兴趣爱好、性格、习惯等方面的特征，组合成了独一无二的自己。

生活中，同学们会因为一些相似之处，彼此之间的友谊逐渐加深。今天，咱们就来聊聊与交友有关的话题——花与花的交流。

【设计意图】让学生感知自己身上的特点不仅会带动我们的情绪，还对我们的交友、人际、生活有帮助，同时揭示主题。

二、转换阶段

活动一：反思"花"之瑕——滤己不足

1. 时间：6分钟。

2.准备：

（1）根据课前调查学生近期与同学之间发生愉快的事情，结合他们的兴趣爱好，性格等，制定交友行为习惯表；

（2）鼓励学生打开心扉，勇于表达自己的优点，培养自信，学会肯定自己。

3.活动方法：

寻找自己让人喜欢的性格、行为习惯及带来的影响。

（1）出示交友行为习惯表，对照表格审视自己，看看自己在与别人交往中有哪些优点？

（2）启发学生，大胆表达不好的性格或行为习惯会给自己在人际交往中带来哪些影响？

【设计意图】让学生学会自我反省，找自己与别人交往过程中的优点。先肯定自己，再分析、回忆自己身上的性格或行为习惯给我们平时的生活学习带来哪些动力以及哪些困惑。

活动二：分享"花"之美——取长补短

1.时间：12分钟。

2.准备：镜子墙、蓝色系列马克笔、签字笔、《人际和谐》学习单。

3.活动方法：

（1）寻找心中备受欢迎的同学，发现他（她）身上的好性格、优秀行为习惯。

①谁是你心中备受欢迎的同学？

②在你们俩交往过程中，你发现了他（她）身上有哪些闪光点？

③直接上台用蓝色系列马克笔在镜子墙上写出他（她）们的优点。

【设计意图】在活动中探索他人优点，发现自己想要培养的优点，以改善自己的人际交往状况。

（2）分享我的学习单。

（　　　）是我心中的榜样镜子，我要学习他（她）的（　　　），克服我的
（　　　）。

①在学习单上填写心中的他（她）。

②选派代表在全班交流。

（3）通过生活场景中的素材，让学生发现让同学喜欢自己的窍门：

①学会微笑，笑脸相迎：课堂现场感受微笑的感染力；

②认真地倾听：师生互动，体会倾听是一种尊重；

③真诚地赞美：请一位孩子真诚地为心中的"他／她"送赞美，示范后，全班同学互相为自己的同桌点赞；

④广泛的兴趣爱好：学生分享因为自己和其他小伙伴兴趣相同，而促进友谊的事情。

4.小结：在同学们的分享中。我们发现许多自己期待的优点，也感受到大家积极交友的心，希望大家都能行动起来。

【设计意图】微笑、倾听、赞美这几个词语的意思学生平时都知道，但应用很少，希望能通过此环节的探索让学生学以致用，学习让别人喜欢的窍门。

三、工作阶段

活动：滋养"花"之法——智慧化解矛盾

1.时间：14分钟。

2.准备：视频《当冲突发生时》。

3.活动方法：

（1）观看视频并思考：

①发生了什么事？

②对比两位孩子的处理方式，你赞同谁的处理方式？

（2）分享；

（3）梳理并总结视频中化解矛盾的方法；

（4）小组交流，生活中其他化解矛盾的方法；

（5）结合所学方法，选择合适的方法帮助自己化解曾经与小伙伴发生的不愉快的事。

因为（什么事），我和（谁）发生了矛盾。我想用（什么方法）化解矛盾。

（6）学生自愿选择方法解决矛盾。现场展示，面对面尝试解决矛盾。

4.小结：看到大家的分享老师也收获满满，希望大家在今后的生活中也能积极运用。

【设计意图】从视频学习中，尝试着从旁观者的角度分析事情，并学会理智看待问题，分析问题。进而借鉴视频提供的方法，小组沟通交流，梳理总结解决矛盾的方法。自我学会化解矛盾的方法，从而找到相处过程中和谐关系的智慧。现场展示班上孩子处理自己问题的方法，突出本节课的重难点，让学生真正地应用到生活物景中，帮助自己建立和谐的人际关系。

四、结束阶段

活动：散播"花"之芬——交流收获

1.时间：3分钟。

2.活动方法：

思考并分享：

（1）自己在今天的学习中学到了哪些让自己的人际关系更和谐的方法？

（2）通过今天的学习，你用了哪些适合自己的好办法帮助自己处理与他人的矛盾？

3.小结：感谢同学们今天的参与，听到大家的收获老师也深受鼓舞，也感受到大家成长的喜悦，相信在未来的日子，大家的人际关系会更加和谐。

【设计意图】通过课堂感受和谐人际关系的美好。总结在与别人的相处过程中，如何让自己和别人的关系更加和谐，学会用智慧的方法解决矛盾。

◎ 板书设计

花与花的交流：人际和谐

分享（过滤镜）	学习（放大镜）	滋养（智慧镜）
说脏话 暴躁 冲动	文明 有礼貌 乐于助人	保持冷静 商量办法 主动道歉

◎ 活动反思

本节课学生的参与度比较高，愿意大胆分享自己的优点和不足，在老师的引导下帮助自己更好地认识自己。学生在学习有效地帮助自己解决矛盾的方法时，可能会因为视频代入感比较强，会一直在视频中找自己的不足，此时需要教师引导学生发现生活中的其他矛盾。学生总结出解决矛盾的方法，如果出现其他同学不能明白这种方法的情况时，可以请学生解释具体的做法，老师稍微引导并让学生自主用方法现场解决自己的矛盾，作为本堂课的生成环节。

◎ 资料附录

学习单

《人际和谐》学习单

班级：　　　　　　姓名：

我心目中的"镜子"

＿＿＿＿＿＿＿＿＿＿＿（谁）是我心中的榜样镜子。

我要学习你的＿＿＿＿＿＿，克服我的＿＿＿＿＿＿＿＿＿＿＿＿＿＿＿。

◎ 推荐电影

《双赢》

第三章　花与花的交流：用沟通架起友谊的桥梁

◎ 活动理念

小学高年级学生正处于心理和社会发展的关键阶段，他们在认知上能够进行更抽象的思考，在情感上表现出更强烈的归属感和被接纳的需求。他们开始探索自我身份，并在与同伴的互动中学习社会规则和交往技巧。然而，由于自我中心思维的影响，他们在人际交往中可能缺乏足够的同理心，容易因误解和冲突而感到困惑和挫败。

本课程活动设计融合了社会学习理论、认知发展理论和沟通技巧训练。社会学习理论强调观察学习和模仿在行为习得中的作用，认知发展理论指出学生在这一阶段开始发展更高级的思维能力，包括换位思考和问题解决。此外，课程中运用了角色扮演、小组讨论和情境模拟等技术以及"我信息"三步沟通法，帮助学生在安全的环境中练习和掌握有效的沟通技巧。本课旨在通过讨论交流、游戏活动等体验活动，创设生活情境，引导学生学会接纳不同，学会换位思考，运用"我信息"三步沟通法，有效地避免沟通过程中矛盾的产生，掌握有效沟通的技巧。花园里各式各样的花儿在竞相绽放，让花园更加绚烂。我们的生活环境犹如一个大花园，每个孩子就像不同种类的花枝，周围的环境对它们的生长有重要影响，它们的成长离不开园丁的培育。花和花积极地交流，能更好地促进和谐关系。

◎ 活动目标

1. 认知目标：初步感知在和别人交往中，对待他人的不同看法时，学会接纳不同和理性对待分歧，懂得积极倾听在沟通中的重要性。

2. 情感目标：通过活动体验换位思考，学会理解和尊重他人。

3. 行为目标：会使用"我信息"三步沟通法与他人进行沟通。

◎ **活动重难点**

1. 懂得有效沟通的重要性，会使用"我信息"三步沟通法真诚坦率表达。

2. 培养学生与他人进行沟通的能力和选择恰当方法解决问题的能力。

◎ **活动准备**

健身操音乐、学习单、6 人一组、课前调查。

◎ **活动对象**

小学高段学生

◎ **活动过程**

一、暖身阶段——"花"团锦簇

活动：友情健身操

1. 时间：5 分钟。

2. 准备：学生围成一个大圈，健身操音乐。

3. 活动方法：

（1）全班同学围成一个圈；

（2）跟着"一、一二、一二三、一二三四"的节拍分别对自己左侧或右侧的同学做出"微笑、握手、抱拳、帮助对方捶背"等动作；

（3）一边做动作，一边齐喊节拍；

（4）随着节拍的加快，学生的动作也随之加快，达到在一定的速度并顺利完成所有动作后才结束活动。

（5）小组分享：

做完友情健身操之后的感受是什么？最想表达什么？

4. 小结：正如同学们所说人与人的关系是相互的，恰当的表达能让我们的关系更融合。

【设计意图】活动带动气氛，活跃课堂。感受人与人之间的交流沟通的重要性，引入课题。

二、转换阶段："柳"暗"花"明

活动一：奇妙的人际关系

1. 时间：5分钟。

2. 活动方法：

（1）赏析经典语录。心理学家卡耐基说："一个人的成功，15%靠专业知识，85%靠人际关系和处世技巧。"

（2）谈谈对这句话的了解。——良好的人际关系离不开良好的沟通。

①每个人看问题的角度、观念和立场不同，对待一些事情的看法就会有所不同，所以会产生分歧、矛盾或冲突，这是非常正常的事情。我们该如何与同伴相处呢？

②分享。

3. 小结：在交流中，如果总是试图改变他人，会给自己和他人制造些许烦恼。如果总是抱怨他人不合作，却从未想过他人持不同意见的原因，就难以进行正常的交往。怎样交往才能友好地相处呢？那需要我们和对方好好沟通，今天就让我们一起来探讨这个话题。出示课题《用沟通架起友谊的桥梁》。

【设计意图】让学生多角度感受交流沟通的重要性。比如，从名人名言中，以及自己在社会、学校、班级生活中都能发现，每个人都希望自己能得到他人和群体的认同与接纳。

活动二：积极倾听，接纳不同

1. 时间：5分钟。

2. 准备：篮球赛的故事。

3. 活动方法：

分享：针对同一场篮球赛，同班同学的看法为什么不一致呢？

4. 小结：不同的成长环境使每个人在行为习惯、生活方式、看待问题的立场等方面存在一定的差异，对同一件事情可能有不同的看法，这属于正常行为。

（1）要有学会接纳不同的声音、不同的观点和不同的行为的意识；

（2）先学会接纳，再进行沟通；

（3）沟通的前提是首先要学会积极倾听，积极倾听既是良好修养的体现，也能让我们准确理解和领会对方的想法和目的。

【设计意图】通过此活动让学生真实感受积极倾听，学会接纳不同的观点，如果自己有想法，应该先倾听再进行沟通。

活动三：倾听有方，倾听有度

1.时间：4分钟。

2.活动方法：

分享：在倾听过程中，我们可以怎样做？

3.小结：在大家的分享中，我们有发现，倾听过程中我们要注意以下几点。

（1）身体前倾，目光专注。这表示对别人的一种尊重，尊重是一种美德。

（2）边听边观察，从对方的表情、手势和语气中获取信息。真诚倾听，为沟通做准备，打下基础。

（3）从对方的发言中把握关键内容，做好回应的准备，表示对别人的赞同，认真听别人说话，让别人有兴趣继续往后说。

（4）用点头等方式表示你的认同或礼貌地提出自己的看法。准确理解对方的观点，但也不是一味地奉承，如果自己有独到的见解，应该及时地表达自己的主见。

【设计意图】探秘在和别人交往过程中，倾听不是单纯地听，而是有法可循。

三、工作阶段：繁"花"似锦

活动一：学会换位思考

1.时间：8分钟。

2.准备：换位思考小故事、换位思考三部曲。

换位思考小故事：一头猪、一只绵羊和一头奶牛，被牧人关在同一个畜栏里。有一天，牧人将猪从畜栏里捉了出去，只听到猪大声嚎叫，强烈地反抗。

绵羊和奶牛讨厌它的嚎叫，于是说道："我们经常被牧人捉去，都没像你这样大呼小叫的。"猪听了非常生气，回应道："捉你们和捉我完全是两回事，他捉你们，只是获取你们的毛和乳汁，但是捉住我，却是要我的命啊！"

如果有不同看法时，只坚持自己的观点而不考虑他人，就更容易激发矛盾或冲突。这时，我们可以站在对方的角度去思考这个问题。

3.活动方法：

（1）听故事，思考并分享什么是"换位思考"。

小结：换位思考要求我们站在对方的立场上体验和思考问题，从而与对方在情感上得到沟通，为增进理解奠定基础。

（2）教师分享换位思考三部曲。

（3）思考并分享：发挥想象，如果你是绵羊和奶牛，知道了小猪这样惨叫原来是有生命危险，你感受到它很可怜。对小猪换一种沟通的方式和语气，表达出它们的想法，沟通的效果会完全不一样。如果你是绵羊和奶牛，你会怎么说？

例如：牧人捉你出去，遭受撕心裂肺的疼，我们很同情你的遭遇，你用大声嚎叫来进行反抗，但是一味地嚎叫并解决不了问题，我们一起想想办法，好不好？

【设计意图】用寓言故事开启对换位思考的理解，体验如何妙用换位思考3个步骤。

活动二："我信息"三步沟通法——真诚坦率表达

1.时间：7分钟。

2.准备：短跑健将的案例故事。

你和体育委员钱小明因为运动会项目报名的事发生争吵，本来你的强项是短跑，他却让你报名跳远。

3.活动过程：

（1）教师分享"我信息"三步沟通法的步骤及表达方式；

（2）结合所学的表达技巧，假设自己就是材料中的短跑健将，你该怎样和体育委员沟通呢？

（3）学生分享。

例如，学生表达自己的想法：体育委员，你好。耽搁你一点时间，我有事和你沟通，行吗？关于这次运动会项目，你让我报跳远，我觉得不满意，也不能为班级争得荣誉，因为我的强项是短跑，我想和擅长跳远的同学换一换或者你重新做一下调整，可不可以？

4.小结：从这个案例中我们可以得出：

①真诚坦率的沟通可以有效地化解矛盾，促进和谐。

②交流中产生分歧时，我们可以坦诚地向对方提出意见，平和、冷静、友好地与对方交流。

【设计意图】结合所学的表达技巧，在列举的案例中敢于用"我信息"三步沟通法表达。对于不同看法，采取"简单拒绝"或"一味接受"的态度都不利于问题的解决，要用有效的沟通方式大胆地表达自己的观点。

活动三：有效沟通，解决问题

1.时间：3分钟。

2.准备：琳琳和雯雯的故事。

3.活动方法：

（1）案例分享；

（2）思考：

①如果你是琳琳，你会如何与雯雯沟通？

②角色互换，如果你是雯雯，你会如何与琳琳沟通？

③学生分享感悟。

【设计意图】学生学会在有效沟通中，遇到问题至少要罗列出3种解决方案，共同协商解决问题。选出折中的、大家都乐意接受的方案去解决，即使未能达成共识，也不要互相指责。我们可以结合具体问题进行讨论，给对方充分解释的机会。

四、结束阶段：妙语生"花"

1.时间：3分钟。

2.活动方法：分组交流分享。

（1）如果遇上别人要求自己与他的观点保持一致，可能的后果是什么？

（2）如果遇上自己简单拒绝或一味地接受对方的建议意见，可能的后果是什么？

（3）同学在表达上往往会有很多问题，比如不敢表达、表达不清、角度不同等，你能帮他们想出解决办法吗？

3.小结：在交流中，如果总是试图改变他人，会给自己和他人制造些许烦恼。如果总是抱怨他人不合作，却从未想过他人持不同意见的原因，就难以进行正常的交往。尊重他人与自己的不同，也是尊重自己。

【设计意图】学生最后自己总结收获，用本节课学习的要点学会倾听、换位思考、交换意见来沟通，最后择优方案。理性对待分歧，会让我们有合情合理的看法和思考。

◎ 板书设计

花与花的交流：用沟通架起友谊的桥梁

真诚表达
换位思考
积极倾听

◎ 活动反思

本课程素材皆来自与学生息息相关的真实事件，学生的兴趣高，想切实在课堂上学有所成或帮助自己解决一些沟通上的困惑。在老师的引导下，学生更加清晰倾听过程中的细节，冷静后换位思考，尝试用"我信息"三步沟通法与原来的表达方法作比较，发现"我信息"三步沟通法运用效果良好。课堂上的经验让学生受益匪浅，但是还得需要课后应用于自己与同伴相处中，要多次用、反复用才能体会真诚沟通的魅力。

◎ 资料附录

学习单

1. 换位思考三部曲：

（1）稳定情绪

观点不一致是正常的，不要带着个人的情绪去解决问题。

（2）冷静思考

为什么他会有这样的想法呢？

（3）寻找合理点

站在他的角度看，觉得他的看法也有道理。

2. "我信息"三步沟通法的步骤：

第一步，客观描述事件或他人的行为；

第二步，表达自己的真实情感和想法；

第三步，表述愿景或说出解决问题的方案。

可以这样表述：

当你＿＿＿＿＿＿（事实），我会感到＿＿＿＿＿＿（感受），我希望＿＿＿＿＿＿（期望）。

在表达中，我们可以从哪些方面准备？

①每个人都有发表自己意见的权利，表达时要自信。

②说话前做好准备，明确观点，充分说理。

③表达是为了让对方能理解和接受自己的意见。说话要态度诚恳，语气平和，音量适中，有理有据，可以适当辅以手势。

3. 篮球赛的故事：

在五年级的篮球联赛上，五（3）班输掉了比赛。班上的同学从自己的角度说出了各自的看法：

A 同学："我们技不如人，以后多训练投篮，下次赢回来。"

B 同学："我们明明没有犯规，裁判总是吹我们犯规，太不公平了。"

C 同学："作为观众，我觉得咱们班的配合不好。"

4. 琳琳和雯雯的故事：

琳琳和雯雯是一对无话不说的好朋友。雯雯在学习中遇到问题时，经常不经思考就来问琳琳，有时甚至会让琳琳帮她做题。更过分的是，有一次她把琳琳告诉她的悄悄话在大庭广众之下说了出来。这让琳琳感到很不舒服，想告诉对方自己的想法又害怕说出来后雯雯会生气。她很珍惜这个朋友，但自己忍在心里又很难过，琳琳不知道该怎么处理她们之间的关系。

◎ 推荐书籍

《小学生非暴力沟通》

第四章　花与花的交流：与你同行，探秘沟通

◎ 活动理念

《中小学心理健康教育指导纲要（2012 修订）》指出，中小学生正处在身心发展的重要时期，随着生理、心理的发育和发展、社会阅历的扩展及思维方式的变化，特别是面对社会竞争的压力，他们在学习、生活、自我意识、情绪调适、人际交往和升学就业等方面会遇到各种各样的心理困扰或问题。

因此，学校应当通过心理课做到将心理健康教育的预防、矫治和发展相结合，帮助学生提高心理健康水平。初中学生处于身心迅速发展的青春期，正如绽放的花儿，有强烈的人际交往需要，因为缺乏沟通技巧，就会"沟而不通"，还可能屡屡受挫，产生新的误会和矛盾。皮亚杰认为，游戏是一种适应过程，以同化过程为主，通过游戏，青少年儿童试着将现实世界与自己的需求和经验结合起来。通过游戏引导中学生探索沟通资源，学习有效沟通，能让学生更好地适应人际交往，促进身心发展。

◎ 活动目标

1. 认知目标：通过课堂活动，切身感受自己的沟通资源。

2. 情感目标：运用沟通资源改善人际关系，提升生活幸福感。

3. 行为目标：探索沟通资源，并运用沟通资源。

◎ 活动重难点

1. 探索沟通外部和内部资源。

2. 尝试积极运用沟通资源，学会多样表达。

◎**活动准备**

眼罩、鼓点曲，椅子围成 U 字形。

◎**活动对象**

初中生

◎**活动过程**

一、暖身阶段——花园结伴

1. 时间：6 分钟。

2. 准备：椅子围成 U 字形。

3. 活动方法：

（1）把自己想象成花园中一朵独一无二的花；

（2）把活动场地想象成花园；

（3）花儿们按照老师的指令在花园里游走，从最开始的低头不语到分别用眼神、点头、微笑、握手等方式进行交流。

（4）分享活动感受。

4. 小结：正如同学们感受到的，人与人之间要有一定的沟通和交流，如果剥夺这些沟通交流，可能就不会有和他人的关系，所以沟通很重要。

【设计意图】用游戏活跃课堂气氛，吸引学生的注意力，引出沟通主题，增进同学之间的互动，接收到善意和热情带来的感受。这有利于学生在后续活动中解除心理防御，更积极地参与到课堂中来，为后面探索沟通做准备。

二、转换阶段——初达爱的花园

1. 时间：12 分钟。

2. 准备：眼罩、鼓点曲，2 人一组。

3. 活动方法：

（1）初探外部沟通资源，感受活动中外部沟通资源的重要性：

①2 人一组，前后站立，前面的同学戴眼罩，后面同学把手搭在前面同学

的肩上；

②跟随 2 分钟的鼓点在花园里前行，鼓点慢，脚步慢，鼓点快，脚步快，鼓点停止，脚步停止；

③在花园里穿行过程中要避免相撞，安全穿过整间教室到达爱的花园。

（2）思考：

①根据在完成任务时通过沟通所获帮助的多少进行分组。

②为什么选择这个组？

③你发现活动中哪些外部原因能让沟通更加顺畅？

预设：善意的提醒让沟通更加顺畅；能够心往一处想；别人能体谅自己的害怕、恐惧等情绪，能放慢脚步。

小结：刚才同学们了解了沟通的外部资源——沟通的魅力，沟通带来的美好。

（3）分享：结合自己的实际情况，分享自己平时和他人交往中，沟通带给自己哪些便利，比如……

4.小结：沟通有道，爱能直达。有别人的理解，双方的目标一致，能接纳并且照顾自己的情绪才能更利于双方高效地到达目的地。同学们积极探索得到了如此多的沟通方法和沟通要点，相信你们运用好沟通窍门，定能在通往亲情和友情这条道路上，一路生花，让爱常伴左右。

【设计意图】结合自己的实际情况，感受沟通带给自己的帮助，感受沟通的重要性。

三、工作阶段——再达爱的花园

活动一：畅游爱的花园

1.时间：10 分钟。

2.准备：眼罩、鼓点曲，2 人一组。

3.活动方法：

（1）强化外部沟通资源。

①为了丰富自己的经验，促使再次活动时抵达花园更顺畅，2人小组根据在刚才的活动中探索的沟通经验，制订周密的计划。

②前后同学交换位置，前面同学戴眼罩，后面同学把手搭在前面同学肩上，再次体验活动，感受这次与第一次的异同。

（2）活动分享：

①在刚才的活动参与中，你们的计划对你有帮助吗？你们之间的沟通带给你什么样的感受呢？

学生反馈刚才活动过程中的真实体验，再次感受外部沟通资源的重要性。

②你们是如何回应对方的？活动中你内心的真实感受是什么？

【设计意图】在活动中体验不同的沟通方式、沟通技巧、沟通结果。通过反馈，总结出除了别人和我们双向沟通，我们自己内部资源——关注别人的感受，把沟通内化于心也很重要。

活动二：分享花园里的爱

1. 时间：8分钟。

2. 活动方法：

（1）结合自己的实际情况，分享自己平时和他人交往中，友好沟通后带给自己哪些触动，帮助自己解决了哪些问题？

（2）视频分享，感受沟通的重要性。

3. 小结：积极沟通、相互理解、共同面对促成了我们的成功，让我们更有成就感、愉悦感，提升了我们的沟通意识及主动性。

【设计意图】注重感受的沟通需要多次有意识地练习，在沟通中需要关注彼此的感受，或许能更快抵达爱的彼岸。通过真切感受积极沟通，积极主动体验沟通的愉悦感，从而作出相应的积极反应。

四、结束阶段

活动：畅谈爱的花园

1. 时间：4分钟。

2.活动方法：

联系实际生活，分享活动感受。在初达爱的花园、再达爱的花园这个活动中：

（1）在刚才的活动中，最令自己感动的是什么？

（2）它对你生活中的沟通问题有什么启发？

（3）你最想对谁运用这个资源，并说说怎么用，这样会给你的生活带来哪些好处或解决哪些困难？

3.小结：在今天的活动中我们感受到有效沟通给我们带来如此多的好处，更发现大量的沟通资源帮助我们积极交往。相信在未来的人生中，有你有我，与爱同行。

【设计意图】在活动和生活中，体验积极探索沟通有道能助力沟通高效。通过前面的学习，在这个环节要指导学生更加积极地去体验和探索沟通的外部资源和内部资源，沟通有道就会为良好的人际关系导航出一条捷径。

◎ **板书设计**

花与花的交流

◎ **活动反思**

本节课是考虑到学生处于身心迅速发展的青春期，他们有强烈的交往需要，但因为缺乏沟通技巧，产生误会和矛盾，甚至会影响人际关系，导致自己情绪紧张。本课程从两次活动体验中，让学生切身感受因为有别人的理解、双方的语言交流、彼此的目标一致才能更高效地到达目的地。同学们积极探索，得到了如此多的沟通资源。在通往亲情和友情这条道路上，沟通有道，爱能直达。在实际生活中，如果学生也应用课堂上的经验和同伴多沟通、多交流，有清晰的目标，再结合自己的理解一定能促成更多的小美好。

在活动过程中，要注意每个环节的时间掌控、活动的控场及学生的安全。

◎ 推荐电影

《侧耳倾听》

第五章　花与花的交流：我的社交宝典

◎ 活动理念

中华人民共和国教育部印发的《中小学心理健康教育指导纲要（2012年修订）》指出，初中年级的学生要积极与老师及父母进行沟通，把握与异性交往的尺度，建立良好的人际关系。中学时期，友谊在个体的生活中占据着重要和特殊的地位。随着年龄的增长，感情依恋的重心逐渐从父母转向朋友。

我们的活动将以"社交宝典"为主题，通过多种形式，如角色扮演、小组讨论、案例分析、心理实验等，让学生深入了解社交的意义和价值，培养他们的社交能力和技巧。我们将引导学生树立正确的社交观念，让他们明白社交不是为了取悦他人，而是为了更好地了解自己和他人，建立真实、平等、尊重的人际关系。

通过这次活动，学生将对社交有更深入的认识和理解，同时也将提高他们的社交能力和信心。这将对他们的未来发展产生积极的影响，帮助他们更好地适应社会，实现自己的梦想和目标。

◎ 活动目标

1. 认知目标：理解社交的重要性，了解社交恐惧的含义、心理原因和影响。

2. 情感目标：更加清楚地感知自己在社交中的表现，体验克服社交恐惧带来的成就感。

3. 行为目标：掌握克服"社恐"的方法和技巧并运用于生活实际。

◎ 活动重难点

1. 明白社交的意义以及社交恐惧背后的心理原因和影响。

2. 学会应对社交恐惧情绪和提升社交能力的方法。

◎ 活动准备

学习单、有缘人卡牌、自卑场景卡牌、视频《洞穴》、签字笔、眼罩、耳塞、彩笔，学生4人或6人一组。

◎ 活动对象

中学生

◎ 活动过程

一、暖身阶段

活动：锦上添花——"寻找有缘人"

1. 时间：4分钟。

2. 准备：有缘人卡牌。

3. 活动方法：

（1）根据自己所选卡牌的图形和形状，在人群中找到能与自己图形契合的"有缘人"。

（2）找到后，两人坐到一起，互相介绍，并通过交流找到彼此间三个以上的共同点。

（3）分享：

①你们以前认识吗？

②你们刚才聊了些什么？

③和不认识或不太熟悉的人交流，会觉得困难吗？

4. 小结：和不熟悉的人交流，我们大多数同学都会有紧张、害羞等情绪，进而产生退缩行为。如何面对这些挑战？今天，我们一起走进《我的社交宝典》心理课堂。

【设计意图】暖身活动是为了让同学们活跃起来，同时通过游戏去接触不太熟悉的同学，引出课堂主题。

二、转换阶段

大草原上开着一朵花，看起来很罕见也有点孤单；大草原上开着一大片花，像花的海洋，壮观而美丽。通过上一个活动，我们对身边的同学有了一定的熟悉和了解。那么，如果我们身边没有一个人，没有一点声音是一种什么样的情景呢？

活动一：闭月羞花——独处的世界

1. 时间：5分钟。

2. 准备：眼罩、耳塞、学习单、签字笔。

3. 活动方法：

（1）学生戴上眼罩、耳塞，想象在一个没有任何人、任何声音、任何光线的小黑屋中。给学生一定的时间去感受这种孤独的状态。

（2）分享：

①孤独状态下的感受；

②此时，你想到或看到了什么？

4. 小结：孤独的我们，会害怕、恐惧，急于和外界产生连接，社交对我们每个人而言都是十分重要的。

【设计意图】通过体验独处的环境，让学生感受孤独，了解心理学的感觉剥夺实验给人带来的伤害，让同学们认识到每个人都有社交的需求，强调社交的重要性。

活动二：雾里看花——可爱的小兔子

1. 时间：5分钟。

2. 准备：视频《洞穴》、学习单、签字笔。

3. 活动方法：

（1）观看视频《洞穴》；

（2）思考并分享：

①如果你是故事中的主人公，每次拒绝或放弃时，你会想些什么？

②如果一直拒绝下去，故事的结局会怎样？

4.小结：严重的自卑心理可能导致社交恐惧（我不好或者你不好）——害怕与人沟通交流、自我评价过低、缺乏自信等。

【设计意图】本短片主要讲述了一只社恐的兔子的故事。这个故事能让学生对社恐有进一步的认识，也让学生认识到社恐会给自己带来一些不好的影响或损失，引导学生能够积极打破社恐，尝试迈出勇敢的一步。

三、工作阶段

活动一：花红柳绿——挑战社恐

1.时间：16分钟。

2.准备：自卑场景卡牌。

3.活动方法：

（1）每个小组选择一个"自卑场景"，进行讨论。

（2）小组运用头脑风暴法，想出克服自卑、打破僵局的办法。

（3）分享：

①请两名同学进行角色扮演，表演出主人公前后的内心转变；

②每组推荐一名同学总结克服社恐的方法并进行分享。

【设计意图】通过活动使同学们感受到由"我不好，你不好"变为"我好，你好"的心理变化，化被动为主动，体验克服社交恐惧带来的成就感。

活动二：春暖花开——我的社恐经历

1.时间：4分钟。

2.准备：学习单、签字笔。

3.活动方法：

（1）完成学习单——我的社恐经历；

（2）分享：

①你经历了哪些社恐事件？

②你的感受怎么样？

4.小结：看到同学们都积极地将我们所学用于自身经历，知行合一，学有所获。我们每一个人都是独一无二的，再多的方法，也只有适合自己的才是最好的。

【设计意图】通过以上的学习，让同学们回想社恐事件及感受，把学到的理论和方法结合自己的亲自经历进行再加工，在今后的学习和生活中实践。

四、结束阶段

活动：花枝招展——我的社交宝典

1.时间：6分钟。

2.准备：学习单、签字笔、彩笔。

3.活动方法：

（1）根据所学内容，制作自己的社交宝典，列出自己觉得重要的交友原则，可以采用文字、图画或图文并茂的形式；

（2）完成社恐承诺书；

（3）分享：在小组成员中分享自己的社交宝典和交友原则。

4.小结：生活是我们自己的，愿大家都能从容面对新环境，找到相互认可、相互欣赏和相互支持的伙伴。

【设计意图】通过小组成员集思广益，找到很多克服社交恐惧的方法。通过这两个活动，同学们可以更清楚地了解自己的社交需求，同时也学会了应对社交恐惧和锻炼社交能力的技巧。

◎板书设计

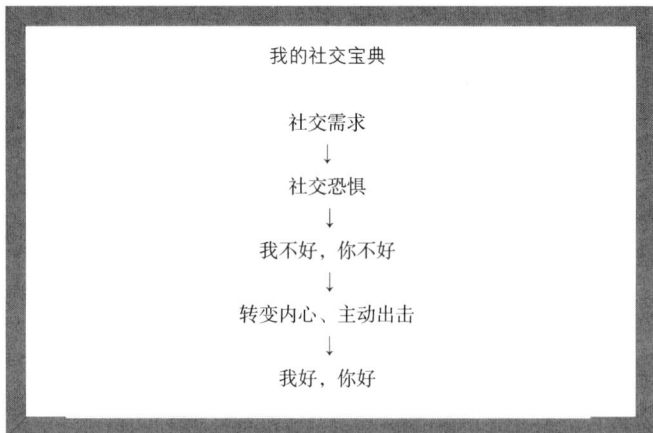

100

◎ 活动反思

通过"寻找有缘人""独处的世界""可爱的小兔子"等活动，让学生深刻理解社交的意义和社交恐惧的原因。"挑战社恐"活动让学生通过角色扮演和小组讨论，切实掌握应对社交恐惧的方法，增强实践能力。"我的社交宝典"活动鼓励学生总结自己的交友原则，有助于他们深入思考自己的社交行为。

可以增加一些实际生活中的案例分析，让学生更加深入地了解社交技巧的应用。在活动过程中，教师应密切观察学生的表现，及时给予反馈和指导，以便更好地达成活动目标。

◎ 资料附录

学习单

花与花的交流：我的社交宝典

课堂约定：最高品质，积极倾听。没有对错，真实表达。真诚分享，尊重他人。注意保密，课后不提。

一、认识社交：感受孤独的小兔子的想法

1.刚才在小黑屋的感受是什么？	2.小兔子拒绝别人时在想什么？

原因：严重的自卑心理可能导致社交恐惧（我不好或者你不好。）

——害怕与人沟通交流、自我评价过低、缺乏自信等。

二、升华社交：挑战社恐、我的社恐经历

由"我不好，你不好"变为"我好，你好"的内心转变

我的社恐经历
1.曾经最让我社恐的事情是：
2.当时的我有多紧张：
A 一点点紧张　B 非常紧张　C 诚惶诚恐
3.当时我是怎么做的：
4.如果再给你一次机会，有哪些方法可以让自己表现得更好？

三、我的社交宝典

我的交友原则	1.	
	2.	
	3.	

社恐承诺书

　　我承诺：当我社恐时，我将采取＿＿＿＿＿＿＿＿＿＿＿的措施来调节我的社恐情绪，这会让我更有效地社交。

承诺人：＿＿＿＿＿＿＿＿＿＿

◎ **推荐电影**

《跟任何人都聊得来》

第六章 花与叶的温暖：花开会有时

◎ 活动理念

发展心理学认为，随着身心水平的发展，高中生开始逐渐表现出对异性的好奇，愿意主动接近异性，对自己喜欢的、欣赏的异性产生强烈的爱慕，其中不乏部分同学因为孤独、寂寞、从众或所谓的爱等各种心理，与异性建立恋爱关系。但这一心理状态和动机下产生的爱情往往难以给恋爱双方提供积极向上的能量，反而会在假亲密中产生疑惑和痛苦，消耗内部能量，影响学业和身心健康，甚至对未来亲密关系的建立产生负面影响。因此，引导学生认识爱情、探究爱情，显得必要而重要。本节课用花与叶来隐喻男女生之间的异性关系，探索爱的本质，有助于学生顺利完成青春期任务，实现自我同一性的良好建立，为恋爱心理提前做准备，提升爱的能力，练习爱，学会爱，不断自我完善与成长。

◎ 活动目标

1. 认知目标：了解爱情的本质，识别错误的恋爱动机。

2. 情感目标：认识到想收获更美好的爱情，更要关注自身的成长。

3. 行为目标：理智对待青春期的情感，在爱情到来之前，不断完善自我，让自己更加值得被爱，发展爱的能力。

◎ 活动重难点

1. 理智对待青春期的情感，不断完善自我，静待花开。

2. 认识到想要收获美好的爱情更需要关注自身的成长。

◎ 活动准备

学习单、背景音乐、视频《爱情的模样》《失落的一角》《失落的一角遇上大圆满》《高台喊话：总有一天，我会优秀到让你来认识我》、水彩笔、签字笔，背景音乐《sweet gift》，学生 6~8 人一组。

◎ 活动对象

高中生

◎ 活动过程

一、暖身阶段

> 活动 1：花与叶的宣言——爱情的模样

1. 时间：2 分钟。

2. 准备：视频《爱情的模样》。

3. 活动方法：

①观看视频；

②分享：看完视频，你想到了什么词？

4. 小结：爱情，是人类千古追求的精神食粮，人们总在不断期待与寻找，想要收获属于自己的那份爱情。今天我们的这位主人公"失落的一角"也不例外，也有着同样的期待。我们一起来看看。

【设计意图】引出爱情这个主题，及贯穿本课的主角。

> 活动 2：花与叶的宣言——花的独白

1. 时间：3 分钟。

2. 准备：《失落的一角》的独白。

（独白：我是"失落的一角"，我很不快乐，也很孤单。我想要去远方，可是因为我是三角形，走不动。我真的好希望有一个人能带着我去旅行，一起去到任何快乐的地方，给我一段完美的爱情。）

3. 活动方法：

思考并分享："失落的一角"一直坐着，等着。她会得偿所愿吗？

4. 小结：会如你们所想吗？让我们一起看看。

【设计意图】通过"失落的一角"的独白视频，引出她接下来的经历，一起探索爱情。

二、转换阶段

活动：花与叶的故事——故事续写：后来的他们会怎样呢？

1. 时间：15 分钟。

2. 准备：视频《失落的一角遇上大圆满》前半段、学习单、水彩笔、背景音乐《sweet gift》。

3. 活动方法：

（1）节选"失落的一角"遇到的典型人物，分小组让学生在学习单上续写和绘画接下来可能会发生怎样的故事。

人物 1：一位又帅又让人兴奋的男生，一夜之后消失无踪……

人物 2：一位到处带她玩，并把她娶回家了的男人，可后来就把她留在家里，自己跑出去玩了……

人物 3：一位似乎跟她很合拍，很了解和关心她的男人，其实只是想证明他自己的魅力……

人物 4：一位与她各方面都速配，一起度过了最甜蜜快乐时光的男人，他们互相说着"我爱你"。可是有一天"失落的一角"突然长大了，冲突越来越多……

（2）分享：

①续写故事；

②爱情的要素有哪些？

4. 小结：在大家的续写中，我们发现，真正的爱情，需要有激情、亲密，更重要的是承诺。

【设计意图】运用故事续写的方式，降低学生的防御；同时在通过续写中，探索爱情的要素。

三、工作阶段

> 活动：花与叶的真谛——遇到你之前，我想成为更好的人

1.时间：10分钟。

2.准备：《失落的一角遇上大圆满》后半段。

3.活动方法：讨论分享。

（1）观看完视频后对爱情有了哪些新的认识；

（2）在高中阶段，你想如何完善自我，成为更好的自己，将自己的具体行动写下来。

4.小结：高中阶段是播种的季节，为了收获美好的爱情，我们还需要自我成长，成为更优秀的自己，拥有更多选择的权利，更好地去爱，更值得被爱。

【设计意图】通过"失落的一角"遇上"大圆满"后的故事，让学生明白要想收获更美好的爱情，要学会关注自身成长，优秀的自己才会遇到优秀的爱情。

四、结束阶段

> 活动：花与叶的成长

1.时间：5分钟。

2.准备：视频《高台喊话：总有一天，我会优秀到让你来认识我》、背景音乐《sweet gift》、学习单、签字笔。

3.活动方法：学生观看视频后，在学习单最下面写下想对未来的TA说的一句话。

4.小结：为了我们将来能够获得美好的爱情，我们需要互相鼓励、不断学习，提升自己爱的能力，练习爱，学会爱，不断自我完善与成长。

【设计意图】通过视频和分享对未来的TA说的一句话，升华课程主题思想，引发学生进一步的感悟和思考。

◎ 板书设计

为了更好地遇见你

我的成长行动
1.
2.
3.
4.

◎ 活动反思

1. 课堂导入很重要

从心理学的角度来看，同样的内容，采用学生感兴趣的方式，学生接受起来会更加乐意和主动。所以，本节课选用学生很喜欢的视频教学，通过观看视频，引导学生思考、分享感受，活跃课堂气氛的同时实现课程目标的达成。

2. 活动设计需要趣味性

需要结合学生的身心特点设计有趣的活动，更容易提升参与度。在续写环节，先用绘本视频这一有趣的形式呈现故事背景，引起学生的兴趣，同时让学生用绘画的方式来表达想法，激发学生的参与感。

3. 活动需为课程目标服务

心理健康教育课的重点在于活动中的体验，绝不能为了活动而活动，活动应该有主题，有核心。心理健康教育课也应该坚持一个核心，并围绕这个核心，"行散神不散"，着重培养学生最基本的心理素质，让他们在故事和活动中学习和体验到对自己终身发展有价值的核心观念。

本课中每个活动都是在为目标服务，紧紧围绕目标而设计的。比如绘本故事补充，目标是通过学生的自主探索、合作研究，认识爱情的本质。绘本故事中"失落的一角"遇上"大圆满"这个片段，目标在于让学生认识到更优秀的自己才可能遇到更好的爱情，高中阶段需要把精力更多放在自我成长上。

4. 适当的自我开放

如果心理教师能在适当和必要的时候，作真诚的自我剖析、自我开放，学生也会减轻自我防御心理，真实地表达自己、安全地探索自己。有时学生甚至会主动要求："老师，你怎么看待爱情呢？你以前是怎么样的？给我们说说啊！"所以，可以在一定限度上自我开放，表达自己对爱情的真实看法与感悟，从而引导学生作出更真实的表达。

◎ 资料附录

学习单

续写一：

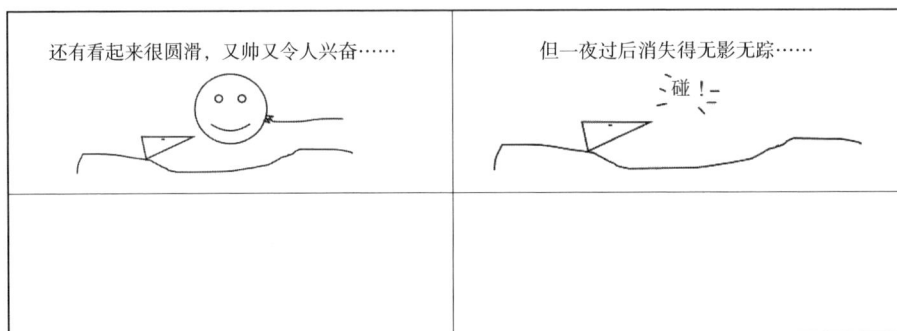

续写二：

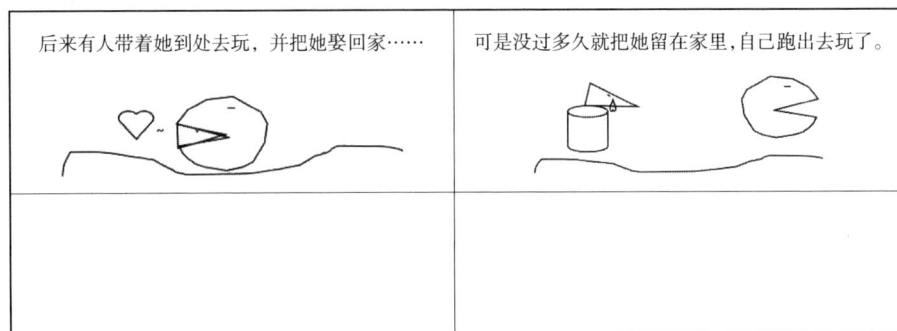

续写三：

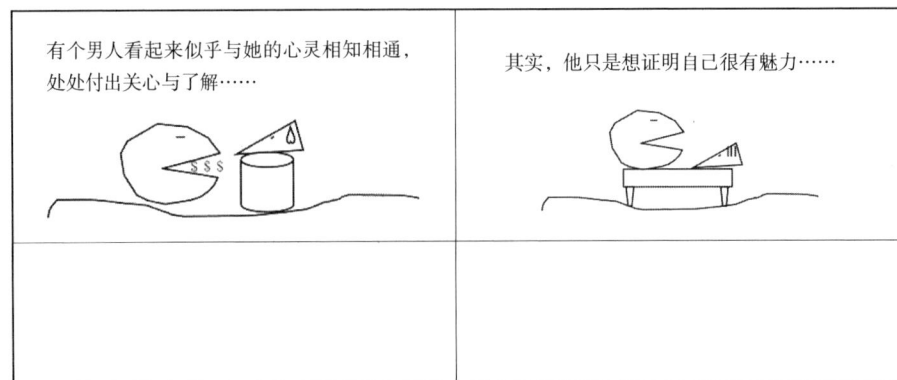

续写四:

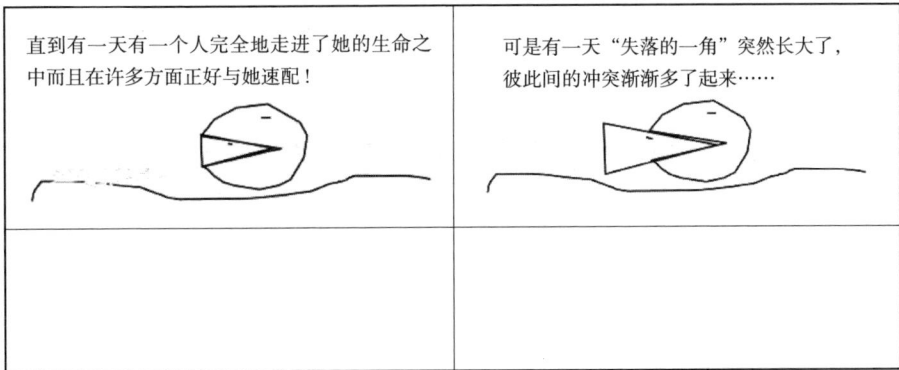

直到有一天有一个人完全地走进了她的生命之中而且在许多方面正好与她速配!	可是有一天"失落的一角"突然长大了,彼此间的冲突渐渐多了起来……

◎ 推荐电影

《最好的我们》

第七章　花与叶的温暖：爱的能力

◎ 活动理念

积极品质是围绕学生终身发展的一大主题，《中小学心理健康教育指导纲要（2012年修订）》明确指出，心理健康教育的总目标是：提高全体学生的心理素质，培养他们积极乐观、健康向上的心理品质，充分开发他们的心理潜能，促进学生身心和谐可持续发展，为他们健康成长和幸福生活奠定基础。

爱是人和动物共有的一种本能，是一种生理和心理的驱动力。如果我们在对周围事物的感知和经历中，有欣赏、快乐、积极主动的体验，能让我们身心愉悦，体验到爱的感觉，这便能成为我们积极向上、健康成长的持续驱动力。

在学生处于青春期的年龄阶段，他们的生理和心理都开始发生明显变化，自我意识也开始明显增强。此时，应引导他们积极关注生活中的美好之处，产生愉悦的情绪，正确认识自己与周围世界的关系。因此，本节课根据该年龄段学生的特点和认知发展水平，让学生学习去感知生活中容易被我们忽视的爱，在活动中体验和觉察爱的来源，进而更好地表达爱，获得积极情绪的能量。

◎ 活动目标

1.认知目标：通过活动，了解爱的表达方式是多种多样的。

2.情感目标：通过关注自己周围事物和团体动力，多感观地体验和感受生活中的爱。

3.行为目标：在生活中调整心态，获得更多的积极情绪以面对生活和学习的困境。

◎ 活动重难点

1.通过活动体验和感受生活中的爱。

2.探索并运用爱的不同表达方式。

◎ **活动准备**

热身活动卡片、每组一盒彩笔、视频《失落的一角》、学习单、6 人小组围坐。

◎ **活动对象**

小学高段学生

◎ **活动过程**

一、暖身阶段——"猜猜爱，感受爱"

活动："花"与"叶"心心相印

1. 时间：5 分钟。

2. 准备：热身活动卡片。

3. 活动方法：

（1）教师准备若干张有表演要求的卡片，请几名同学上台抽取并表演，其他同学猜测他们表演的内容；

（2）分享：你的推断理由。

4. 小结：爱有如此多的表达方式，生活中的爱需要我们去感受，更需要我们的表达。今天就让我们一起探索爱的能力。

【设计意图】通过"猜猜爱，感受爱"的游戏，调动气氛，建立起良好的团体关系；同时引入课题，初步感受"爱"的不同表达方式。

二、转换阶段——"爱的不同表达"

活动："花"与"叶"相知相惜

1. 时间：12 分钟。

2. 准备视频《失落的一角（上）》。

3. 活动方法：

（1）引导学生谈论自己最近感受到哪些"爱"，尝试用自己喜欢的方式表达这份"爱"。

①思考最近感受到的爱，并用自己喜欢的方式表达。（具体事情、如何表达、对方如何回应、双方心情等。）

如：一个鼓励的眼神、一个爱的抱抱、对方送我一个肯定自己的点赞手势、收到的礼物……

②小组内交流，全班分享。

根据学生分享内容，一起分类整理"爱"的不同表达方式。

如：语言、表情、具体做了什么事情……

（2）从视频中欣赏祖国母亲给予的大爱，身边充满着的小爱。

4.小结：我们每个人都生活在爱中，因为爱，所以世界更精彩。

【设计意图】通过谈论，同学们渐入佳境，积极参与课堂，从而体验到原来我们从来不缺爱，感受到爱就在我们身边，爱就是一个个细节，知道爱的表达方式有很多。

三、工作阶段——"GET 你的爱"

活动一："花"与"叶"温暖彼此

1.时间：10分钟。

2.准备：学习单、彩笔。

3.活动方法：

（1）画出我收到的爱：

用自己喜欢的方式画出自己近期感受到的爱。

（2）展示分享：

这是……我感受到的是（某某）对我的爱。

【设计意图】通过描绘回忆并体验我们的爱，感受爱，表达爱。

活动二："花"与"叶"促进彼此

1.时间：5分钟。

2.准备：视频《失落的一角（下）》。

3.活动方法：

（1）用不同感官感受爱：

老师根据学生的分享，和学生一起感受并总结这些爱的异同点，运用"五感"感受世界、感受爱。

（2）视频分享：和学生一起观看视频，用多感官感受爱和美好。

4.小结：我们可以通过视觉、听觉、嗅觉、触觉、味觉五个感官感受世界和爱，让这份爱更加多姿多彩。

【设计意图】通过总结，从理论到实践分类感受爱，用多个感官更深刻地体会爱。

活动三："花"与"叶"成就彼此

1.时间：3分钟。

2.准备：学习单、彩笔。

3.活动方法：

（1）再次描绘我获得的爱：学生根据他人的分享和老师的总结对自己的绘画进行补充。

（2）学生相互分享，一起感受爱的美好。

【设计意图】通过简单的绘图，同学们用心去感受身边爱的点滴；通过分享和总结，引导学生学会用多种感官去感受世界丰富多彩的爱。

四、结束阶段——"我爱世界，世界爱我"

1.时间：5分钟。

2.活动方法：

（1）分享活动感悟；

（2）向身边人表达你的爱，并齐说"我爱世界、世界爱我"。

3.小结：爱无处不在，需要我们去发现，也需要我们去表达。让爱温暖你我，伴我们一起成长。

【设计意图】通过活动，让学生大胆表达爱，多感官体会爱，加深学生对本次活动的收获认识。

◎ 板书设计

花与叶的温暖：爱的能力

猜猜爱，感受爱

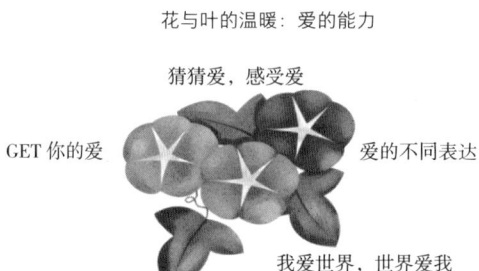

GET 你的爱

爱的不同表达

我爱世界，世界爱我

◎ 活动反思

在本次活动中，用图文形式进行情境展示，激发学生的参与兴趣。在整个活动中，学生通过简单的绘图，用心地去感受身边的爱。学生通过学习去感知生活中容易被我们忽视的爱，在活动中体验和觉察爱的来源，用五感法回忆爱、感受爱、分享爱，明白原来爱就在我们身边，进而更好地表达爱，获得积极情绪的增量。在活动过程中要积极回应学生的分享，尊重学生的想法。

◎ 资料附录

1. 文本资料

卡片内容：

（1）用语言对父母表达你的"爱"。

（2）用表情对父母表达你的"爱"。

（3）用肢体动作对父母表达你的"爱"。

（4）你的笔被别人撞到地上坏了，用语言表达你的感受。

（5）你的笔被别人撞到地上坏了，用表情表达你的感受。

（6）你的笔被别人撞到地上坏了，请用肢体语言表达你的感受。

2. 学习单

GET 你的爱

姓名：_____

◎ 推荐书籍

《童爷爷支招：让孩子解开心结找回快乐》

第四篇　积极意义

　　所谓"今朝有酒今朝醉""人生得意须尽欢"，都是及时享乐主义者的表现。我们可以通过这些行为体会到积极情绪和积极投入，但这些行为结束后却往往感到空虚，没有持久的幸福感。面对无数挫折及难以忍受的痛苦时，我们要如何提升对生活的满意度，把控自我人生，积极投入到创造未来的行动中呢？

　　积极意义是主动赋予自己所从事的职业、所做的事情积极的含义，探寻并参与对自己、对家人、对社会和对人类有积极作用的事，愿意与拥有共同爱好和目标的人一起为之投入精力付出努力。从克服困苦、勇往直前中体会人生值得，从平安喜悦、团结合作中体会生命珍贵，从助人助己、内在和谐中找到人生价值。

　　本篇包括根的初心、干的信心和叶的恒心，分别对应获得有积极意义生活的梦想与计划、目标与价值观和生命的意义三个方面。好似一颗有灵魂的种子成长到了学龄期，渐生出勤奋来回应根的初心，带着叶的恒心努力向前，自信有品质地成长为挺直且粗壮的干，让生命的意义开始变得丰富。

第一章 根的初心：梦想与计划

◎ 活动理念

根据埃里克森的人格发展理论，高中生正处于"同一性和角色混乱"的冲突期，在此阶段个体开始思考与自我相关的发展问题，同时，新高考改革给高中生提出了新的更高要求。为此，自我梦想、职业规划、人生观等不断出现在他们的生活中。他们虽有目标，但都比较泛化，很多学生缺乏行动力，主要缘于自我抉择的茫然，自我规划的缺乏。这就需要他们学会探索自我梦想，善于制订切实可行、具体的计划，逐步实现自我梦想。

梦想是我们前行的动力，计划是我们得以前行的蓝本，就像大树的根一样，深入泥土汲取养分，是未来的基本保障。本次辅导主要运用生涯幻游和目标分解法，结合根的寓意，激发学生探索梦想的动机和实现梦想的有效途径，体验梦想的可实现性，在自我实现中，感受人生的意义。

◎ 活动目标

1.认知目标：了解目标分解法。

2.情感目标：通过活动体验期待感，树立积极向上的人生信念。

3.行为目标：通过活动探寻自我梦想，实现和未来的对话。

◎ 活动重难点

1.在生涯幻游活动中探索自我梦想，感悟确定梦想的多样化因素，体验期待感。

2.运用目标分解法制订自我计划，增强行动力。

◎ 活动准备

学习单、彩色 A4 纸、签字笔、钢琴曲《遇见》、歌曲《梦飞扬》、视频《梦想》。

◎ **活动对象**

高中生

◎ **活动过程**

一、暖身阶段

活动：忆根心

1.时间：5分钟。

2.准备：视频《梦想》（2分钟）。

3.活动方法：

（1）观看视频，引出本次辅导主题——梦想；

（2）提问：你都有过哪些梦想？

4.分享。

5.小结：在我们短短的人生经历中，我们都有过梦想，或许有些已经实现，或许有些我们正在坚持，或许有些早已消逝，但无论如何，正是这些梦想，让我们对生活充满期望，让我们积极前行。它们就如大树的根一般，为我们的成长扎根泥土，坚定不移。

【活动意图】通过视频，培养学生的自主性，感悟梦想；学生在思索自我的梦想中，回味人生，从而引发他们的兴趣和积极参与性，走进本次团辅活动课。

二、转换阶段

活动：畅根心

1.时间：12分钟。

2.准备：学习单、签字笔、钢琴曲《遇见》。

3.活动方法：

（1）生涯幻游：学生跟随音乐和教师的引导，想象10年后的自己；

（2）将职业梦想记录在学习单上；

（3）思考：

①你在达成梦想的道路上，面临的困境会有哪些？为什么？

②你在达成梦想的道路上，拥有的有利因素有哪些？为什么？

③你在达成梦想的道路上，还需要做哪些努力？

4.分享。

5.小结：通过同学们的分享，我们发现通往梦想的路途上，既有鲜花更有荆棘，我们要有面对困境的勇气，更要有勇往直前的毅力，同时不忘我们所拥有的各种资源。

【设计意图】通过生涯幻游，学生展望未来，想象自己未来的生活、想要从事的工作或职业。这个过程可以帮助人们更好地了解自己的兴趣、价值观和技能，从而确定自己真正想要追求的职业方向。在感悟梦想实现的过程中，培养学生坚定信念和积极品质。

三、工作阶段

活动：展根心

1.时间：18分钟。

2.准备：学习单（根计划图）、签字笔。

3.活动方法：

就如大树长成需要根的不断延伸，梦想的实现也需要层次分明的行动计划。为此，根据我们10年后的梦想（长期目标），一起来思考你的中期目标和近期目标，绘制出切实可行的"根计划图"。

（1）展示一位学生运用目标分解法制定的根计划图表；

（2）学生制作自己的根计划图表。

4.分享。

5.小结：根计划图就如我们的树根一样，不断繁衍，越深入分根越多，越细化，我们的行动目标也越清晰，让我们看到了当下就能去实行的任务。正所谓，千里之行，始于足下，希望同学们能积极行动起来。

【设计意图】在目标分解活动中，让学生看到梦想的可实现性；同时，根据自我情况进行目标的调节，提升学生的自信心和行动力。

四、结束阶段

活动：扬根心

1. 时间：5 分钟。

2. 准备：彩色 A4 纸、签字笔、歌曲《梦飞扬》。

3. 活动方法：

折叠一架纸飞机，承载一个梦想，播下一个行动，收获一个未来。让我们一起写下自我的梦想，折一架属于自己的飞机。

（1）将梦想写在彩纸上，并折叠成纸飞机；

（2）放飞写有梦想的纸飞机。

未来有你、有我，也有属于我们的梦想。让我们一起放飞梦想的纸飞机，它承载着大家的期望和祝福，带着我们穿越云层，拥抱未来。

4. 课堂感悟分享。

5. 小结：感谢同学们的积极参与和分享，让我体会到大家的收获、坚定的信念，更看到了大家对未来充满了期待。心动不如行动，让我们一起行动起来，拥抱未来。

【设计意图】通过活动放飞梦想，展望未来，强化梦想和计划带给我们的积极力量。

◎ 板书设计

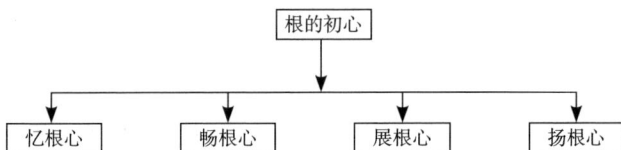

◎ 活动反思

本次活动根据当下高中学生所面对的实际热点问题所设计，学生参与性高。学生在活动过程中理解生涯规划的意义；感悟梦想的道路虽充满波折，但坚持不懈也可实现；人生目标要根据自我或变化的情况及时给予调整；发现自我的优势和积极力量。同时，要注意以下几个问题：

①要注意每个环节时间的把控；

②在进行生涯幻游时要注意语速，根据学生的进入情况进行等待和语言的调整；

③学生在绘制自我的根计划图时，要引导学生分解到自己当下能做的事。

◎ 资料附录

生涯幻游引导词

找一个舒适的姿势坐好，闭上双眼，让我们的头、脊柱和大地保持垂直，双手自然地放松置于大腿上，双脚着地。尽可能放松自己，调整你的呼吸，呼气、吸气、呼气、吸气，保持这样平稳的呼吸。接下来，放松身体每一部分肌肉，从头到脚，放松、放松。想象一下，我们跟随树根来到10年后的世界。此时，是清晨，和往常一样，你从睡梦中醒来，正躺在家里的床上。看看四周，你看到了什么？（不用说出来，自己记住就好）下床梳洗一番后，你来到餐厅，早餐和谁一起？吃了什么？你们聊什么了吗？紧接着你关上家门，准备去往工作地点，回头，看一下你家，它是一栋什么样的房子？然后你搭乘什么样的交通工具上班？你快到达工作的地方了，注意一下这个地方看起来如何？好，进入工作的地方，和你的同事打了招呼，他们怎么称呼你？你还注意到了哪些人出现在这里？他们正在做什么？现在，你在自己的办公桌前坐下来，安排自己今天的工作流程，都有些什么内容呢？让我们一起，开始一天的工作。时间过得很快，一天的工作即将结束，你感觉工作如何？下班了，你准备去哪儿呢？是和朋友玩一玩放松一下，还是买菜回家做饭？到了家，家里面有哪些人，你们都做些什么事？吃完晚饭，睡觉前，你都有些什么安排？睡觉时间到了，你躺在床上，回忆下今天的工作和生活，今天过得愉快吗？渐渐地，你很满足地进入梦乡，睡吧！5秒钟后我会叫醒你……我从3开始倒数，当我数到1时，我们睁开双眼，回到现在，回到我们的教室。3—2—1。让我们环视一下周边，回想一下你梦想中的职业，并将它记录下来。

学习单

根计划图

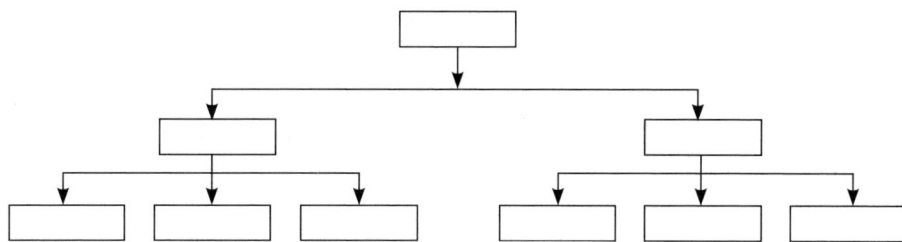

◎ **推荐电影**

《垫底辣妹》

第二章　干的信心：目标价值观

◎ 活动理念

价值观是指个体的一套有系统的内在标准，对个人的思想和行为具有重要的导向或调节作用，使之指向一定的目标或带有一定的倾向性，对自我抉择、沟通和行为起着至关重要的作用。中学生正处于价值观形成和发展的阶段，很多价值观念还模糊不清，对自我目标不确定，行为动力不足。

OH 卡牌是由一位德国人莫里茨·埃格特迈尔和一位墨西哥裔的艺术家埃利·拉曼共同研发的一种探索工具，引导个人或团体探索内在世界，表达情感和想法，发掘潜在需求和行为模式，以及探索解决问题的途径。

梦想的实现阶段，就像树干成长一般要有一个个行之有效的具体目标，还要有合理的自我价值观与行动力，才能长得粗壮笔直。为此，本课运用 OH 卡牌，引导学生进行积极的自我探索，在每一次的选择中去澄清自我的价值观，合理看待价值观冲突并能进行积极的自我调整，确定自我目标。有明确的目标和强烈的价值观，才能更加自信地前进，为自己创造更美好的未来。

◎ 活动目标

1. 认知目标：通过卡牌活动，探索自我价值观。
2. 情感目标：通过树立积极的价值观和明确自我目标，构建自信心。
3. 行为目标：在活动中探索价值冲突时的积极自我调节方法，实现自我抉择。

◎ 活动重难点

1. 通过活动探索自我价值观，体验自我抉择，提升探索自我意识和解决问题的能力。
2. 在明晰自我价值观的基础上，对比期待与现实的差距，明晰下一步行动目标，树立通过努力在自己的人生道路上取得成功的信念。

◎ 活动准备

OH 卡牌、学习单、签字笔、彩笔。

◎ 活动对象

中学生

◎ 活动过程

一、暖身阶段

活动：干之初心

1. 时间：4 分钟。

2. 活动方法：恭喜各位喜提"干心孤岛"三日游，但你只能带一样东西，你会带什么？说说你的理由。

3. 小结：听了同学们的不同分享，我们发现对于某一事件我们会有不同看法和偏好，这就是价值观。

【设计意图】通过活动活跃气氛，激起学生的兴趣，吸引学生的注意力，让学生们意识到，生活中面对同一事件，我们会有不同的抉择，由此导出本课主题。

二、转换阶段

人生就如旅行一般，一生中我们都会面对各种各样的抉择，未来的我们会是怎么样的呢？让我们一起开启我们的梦幻人生之旅——干心之旅。

活动一：干之图鉴

在旅行的途中我们会面对各种任务和挑战，看看我们的人生图鉴，一起来选择我们的未来任务。

1. 时间：6 分钟。

2. 准备：学习单（干轮图）、签字笔、OH 卡牌。

3. 活动方法：

（1）在卡牌中选择你认为自己未来人生中最重要的 5 项任务；

（2）将 5 项任务按照重要程度由内向外排序，填写在干轮图中。（最内的方框填写你认为最重要的任务编号。）

4. 分享：

（1）5 张卡牌任务内容；

（2）排序的理由。

活动二：干之精力

感谢同学们的精彩分享，让我看到了你们多彩的未来，不同的价值取向，同时也感受到大家的艰难抉择。生活总会有些波折，面对未来，我们总是充满期待，精神饱满，人生初始我们载着满分（10）的精力值，面对的每一项任务都会消耗我们的精力，你打算如何分配这些精力来执行你认为重要的 5 项任务？

1. 时间：6 分钟。

2. 准备：学习单（干轮图）、彩笔。

3. 活动方法：

现在的你有 10 个精力值，为每个任务消耗的精力值涂上颜色。

4. 同学分享。

5. 小结：每一个人面对未来时，所作出的选择不尽一致，不同事件我们投入的精力也会有所不同。在艰难的抉择中，可以看到大家逐步坚定自我未来。

【设计意图】从自己的取舍中了解、思考和澄清自己的价值观和人生目标；不同事件我们投入的精力也会有所不同，集中精力专注于重要的事情。

三、工作阶段

活动：干之你我

在不停前行的旅程中，我们也在收获、成长，面对变化的自己和环境，如果给予你一个调整的机会，各位同学结合现实，你会怎样做呢？

1. 时间：8 分钟。

2. 准备：学习单（干轮图）、签字笔、彩笔。

3. 活动方法：

（1）再次确定你的人生 5 项，并排序；

（2）再次核定你的精力分配。

4. 分享：你是否做了调整？为什么？

5. 小结：梦想与现实结合才能得以更好地实现，我们要敢于面对挑战，面对变化的环境，抓住机会，积极投入，不轻言放弃。

【设计意图】在自我调整中树立合理的价值观和人生目标。通过反复的自我对话，加强抉择和价值观的连接，形成自觉行动，积极投入并聚焦人生最重要事项。

四、结束阶段

活动：干之未来

1. 时间：6 分钟。

2. 准备：学习单、签字笔。

3. 活动方法：

（1）为完成人生重要任务，当下我的小目标是在（时间）_____实现_____。

（2）课堂感悟。

4. 分享。

5. 小结：相信通过今天的活动，我们都对自己的价值体系有了初步了解，对自己的目标也有了新的认知，对未来也更有信心。希望同学们，在以后的人生道路上走好脚下的每一步，树立正确的人生价值观，坚持自己的理想，一起自信前行。

【设计意图】利用小步子原则帮助学生制定可操作、明确的、可实现的、具体的行动目标，开启未来第一步；在总结分享中增强自信并强化努力创造精彩人生的信念。

◎ 板书设计

干的信心：目标价值观

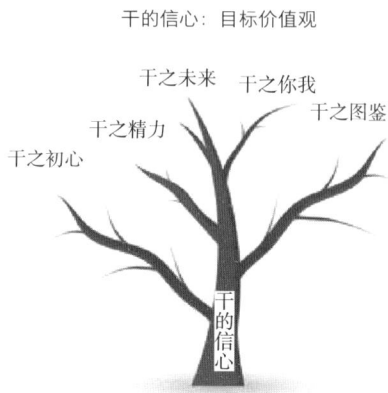

◎ 活动反思

自我价值观是一个比较抽象的内容，本次活动结合旅行和卡牌活动，引发学生兴趣。学生在活动中积极探索，对自我未来的解读带给我们极大的惊喜。活动目标明晰，在探索自我价值观的同时体会包容，容许多样性价值观的存在。

1. 在 OH 卡牌选择时，少数学生会提出不清楚卡牌展示的是什么，教师要引导学生尊重自我感觉；同时，告知每个人都有自己的解读。

2. 在学生写自我小目标时，教师要注意运用 SMART 原则进行引导。SMART 原则是一种设定目标的方法，它可以帮助个人或组织以更系统和有效的方式达成目标。SMART 是目标设定五个关键要素的首字母缩写。

◎ 资料附录

1. 学习单

干轮图

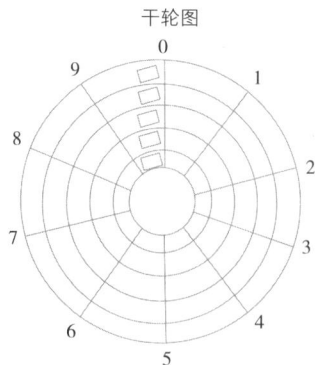

为完成人生重要任务，当下我的小目标是在_____实现_____。

2. 干之图鉴

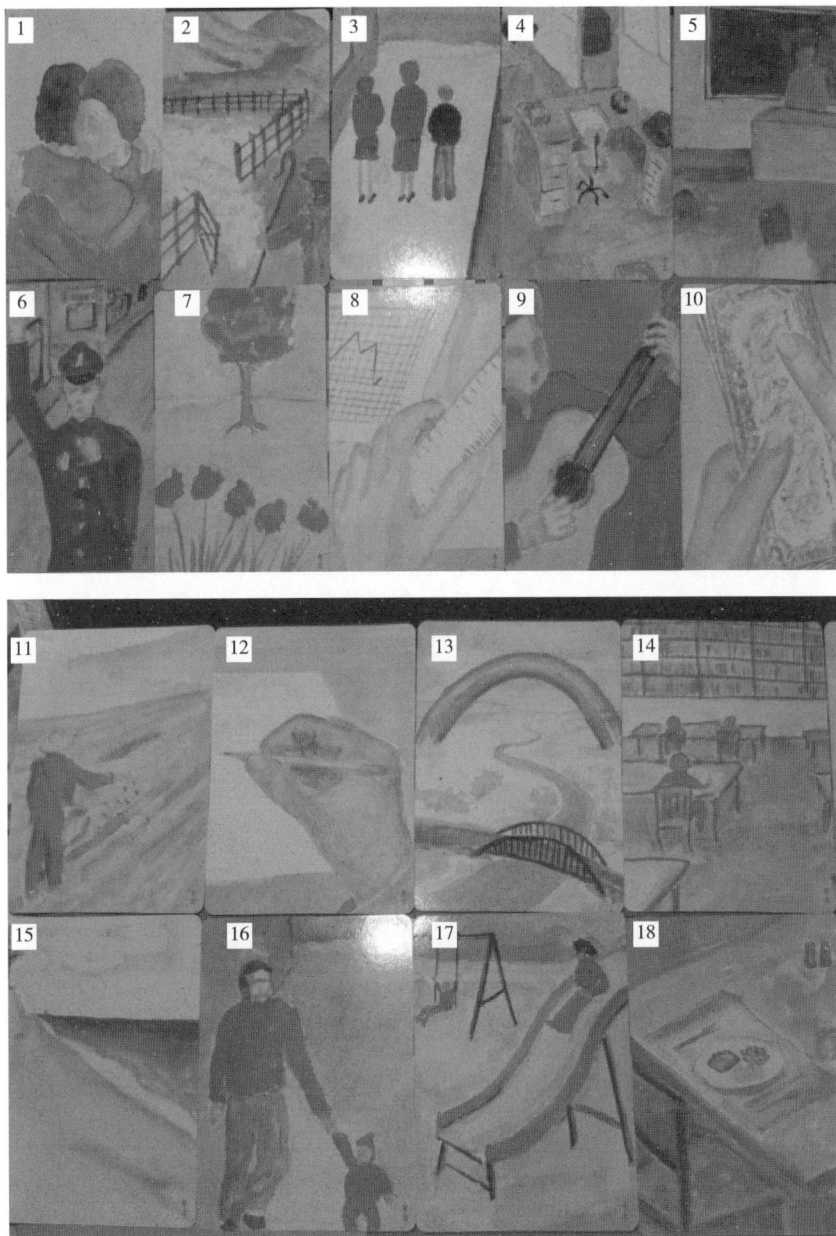

◎ 推荐书籍

《麦田里的守望者》

第三章　叶的恒心：我的生命之树

◎ 活动理念

小学高段心理辅导的主要发展性任务之一就是引导学生尊重生命，在"生命来之不易"的认知基础上，更好地认识、理解生命的意义。

在积极心理学的视角下，个体对生活意义的感知和价值的认同，对于幸福感和满足感的提升具有重要作用。这种幸福感与满足感不仅有助于个体的成长与发展，同时也能创造更多的社会价值。

运用团体动力学与社会支持理论帮助学生认识到生命中的每一个个体都与他人、社会以及整个世界存在着紧密的联系。通过积极建立和维护这些联系，我们能够感受到生命的深远意义。当学生在生活中遇到困难时，这些支持资源将帮助他们重拾信心、积极应对。在此基础上，引导学生认识到自己生命中的积极力量，引导他们成为他人、社会和世界的积极力量，为整个社会带来正能量。

◎ 活动目标

1. 认知目标：了解每个人的生命都与他人、与社会、与世界有着紧密的联系。

2. 情感目标：在与他人积极联结中感受生命的意义，初步体验生命的重要性。

3. 行为目标：在遇到困难时尝试运用生命中的积极力量，积极主动成为他人的积极力量。

◎ 活动重难点

1. 在与他人积极联结中感受生命的意义。

2. 树立积极主动成为他人积极力量的信念。

◎ **活动准备**

学习单、轻音乐、树叶便利贴和树枝纸板、诗歌《用生命影响生命》、视频《生命连接》，6 人一组。

◎ **活动对象**

小学高段学生

◎ **活动过程**

一、暖身阶段

> **活动：停止呼吸 30 秒**

1. 时间：5 分钟。

2. 准备：轻音乐。

3. 活动方法：

（1）屏住呼吸，默数（或倒计时）30 秒。

（2）任何不适立即暂停。

4. 分享：

（1）你有什么感受？

（2）你想到了谁？

（3）如果让你的生命就此停止，你愿意吗？

【设计意图】活跃气氛，沉浸式感受生命。

二、转换阶段

> **活动：绘制我的"生命之树"**

1. 时间：5 分钟。

2. 准备：学习单（我的"生命之树"）、树叶便利贴和树枝纸板。

3. 活动方法：

（1）展示老师的"生命之树"：中间树干部分代表我自己，周围的叶片记录着我生命当中印象深刻的人、事、物、时间、地点……

（2）学生完成自己的"生命之树"。

（3）出示活动要求：如果对活动要求不理解可以提出疑问；每张树叶便利贴只写一个关键词；同类的关键词叶片放到同一个树枝上；树枝不够可以自己补画树枝。

（4）学生再次丰富自己的"生命之树"。

4.学生分享自己的"生命之树"。

参考：这位同学的"生命之树"的种类很丰富；

这位同学的"生命之树"中有很多人和他发生着联系；

这位同学的"生命之树"中有许多美好的事情……

【设计意图】通过"贴树叶"活动，让学生直观地将生命中的重要联系投射到"生命之树"上。

三、工作阶段

活动一：支持我的"生命之树"

1.时间：10分钟。

2.准备：学习单。

3.活动方法：

（1）请同学们将最近需要解决的问题写在学习单（我的"生命之树"）下方的横线上；

（2）完成的同学用 OK 手势示意老师；

（3）同学分享最近遇到的困难；

（4）以小组为单位共同来讨论如何与父母更好的沟通（或其他的共性问题）？特别是如何运用我们刚刚找到的这些支持力量？

（5）小组分享解决问题的方法。

4.小结和分享

（1）小结：在刚才的交流中，我们发现同学们找到了很多有效的沟通方法，如选择合适的时机、运用恰当的策略、赠送小礼物、在情绪稳定时进行沟通、学会换位思考、理解父母如此做的缘由等积极沟通方式。我们还在"我的'生命之树'"中找到了支持，从情绪支持、方法支持、认知支持三方面，来让我们更好地认识和解决问题，请同学们看看你们的"生命之树"，找一找你们刚刚写下的哪些联系可以成为你们生命中的支持力量，来帮助你面对和解决你们刚才写下的这些问题，如果你找到了，圈出来，完成后用手势告诉老师。

（2）学生分享找到的联系和支持力量。

（3）教师总结：相信有这些人和事给予你们支持，这些问题是可以解决的。刚才我们也发现，有的问题在目前大家梳理的"生命之树"中是暂时还不能完全解决，但有了"生命之树"的支持，这段困难的旅程总会轻松一些。

【设计意图】基于学情，将社会支持分为情绪支持、方法支持和认知支持。让同学们在分享的"生命之树"过程中，发现每个人的生命都与他人、与社会、与世界产生着联系，正是因为这些美好的联系才让我们的生命有了更多温暖、更多美好，也常常在我们遇到困难时给予我们支持的力量，感受到在支持连接中产生的生命意义。

活动二：影响我的"生命之树"

1. 时间：15分钟。

2. 准备：学习单，视频《生命连接》。

3. 活动方法：

播放视频《生命连接》。

引导语：在我们的生命当中，还有一些人、事、物保护和支持着我们的生命，而我们的一言一行也影响着他们。同学们，看到这里，你发现还有哪些人、事、物在支持保护着我们，而我们又能想到哪些人、事、物呢？请大家丰富你的"生命之树"，然后想想你可以为"生命之树"中的哪些人、事、物做些什么，成为他们的支持力量呢？写在树叶的空白处。

4. 学生分享 （3~5个学生）预设：成为环卫工人的支持力量。

5. 小结：通过刚才大家的分享，我们找到了在我们的"生命之树"中的哪些联系可以成为我们的支持力量，同时我们也思考了，怎样积极地去影响他人、社会和世界。

【设计意图】让学生从"小我"到"大我"对比中体会到生命的意义及重要性，每个人的生命都会和外界有很多的连接，都很美好。初步体验生命的重要性，从而珍惜生命。

四、结束阶段

活动：繁茂我的"生命之树"

1. 时间：5分钟。

2. 准备：学习单，诗歌《用生命影响生命》。

3. 活动方法：

思考：如何让我们的"生命之树"更加枝繁叶茂？

4. 学生分享交流使"生命之树"更繁茂的方法。

参考方向：干给了叶支持，叶给了干营养，彼此成就，共同绽放生命之美！

5. 小结：让我们一起来读一读印度诗人泰戈尔写下的《用生命影响生命》。同学们，未来你们的"生命之树"还将更加枝繁叶茂，期待你们在与众多生命的连接中体会到生命的价值。

【设计意图】通过分享感悟，强化生命的意义。

◎ 板书设计

我的"生命之树"

◎ 活动反思

本节课的设计选题符合学生需要，贴合学生实际生活。本课以"生命之树"为线索，让学生在丰富"生命之树"的同时，了解每个人的生命都与他人、与社会、与世界都有着紧密的联系，进而在与他人积极联结中感受到生命的意义，初步体验生命的重要性；还引导学生在遇到困难时，尝试运用生命中的积极力量，并积极主动地成为他人的积极力量。整节课教学环节设计合理、环环相扣，过程中关注学生的体验、感悟和分享，取得了较好的教学效果。

◎ 资料附录

1. 学习单

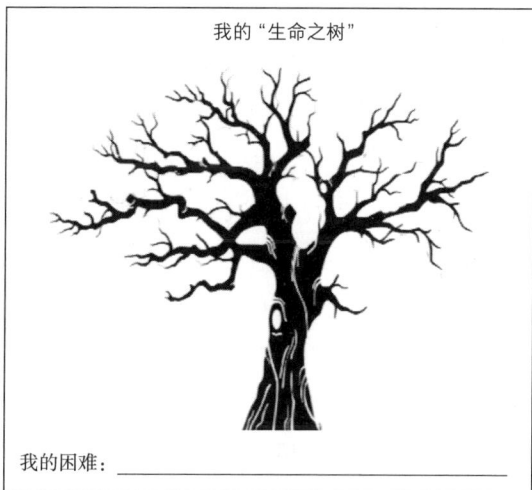

我的"生命之树"

我的困难：_____

2. 诗歌《用生命影响生命》——泰戈尔

把自己活成一道光，因为你不知道，谁会借着你的光，走出了黑暗。

请保持心中的善良，因为你不知道，谁会借着你的善良，走出了绝望。

请保持你心中的信仰，因为你不知道，谁会借着你的信仰，走出了迷茫。

请相信自己的力量，因为你不知道，谁会因为相信你，开始相信了自己，愿我们每个人都能活成一束光，绽放着所有的美好！

◎ 推荐电影

《岁月偷神》

第四章　叶的恒心：探寻生命的意义

◎ 活动理念

积极心理学认为生命的意义不是固定的，而是个体通过追求目标、实现成就、建立积极的人际关系来创造和发现的。个体通过实现自身的核心价值和目标，体验到积极情感和满足感，从而获得生命的意义，增强感悟幸福的能力，培养积极乐观的生活态度。

叙事绘画疗法（简称"NDI"）是一套深入浅出，简单易用的心理学工具。"NDI"可以让人在不知不觉之间，把潜意识投射在画纸上，再透过叙事，"把潜意识意识化"，进而走上"看见自己，接纳自己，发挥自己"的三段路，并沿途寻获"NDI"三宝——"内在力量、外部资源和盼望"，从而建立抗逆能力，活出自己想要的模样。

叶子是生命的象征，不同的叶子拥有不同的寓意，就如我们的人生一样，我们每个人都有属于我们自己的生命意义。为此，本课以积极心理学和叙事绘画疗法作为活动的理论和方法支撑，利用叶子，通过创造性的体验活动，促进学生领悟生命的意义源于自身的态度、理解，每个人都能创造自我的精彩未来，并在这个过程中感受幸福和快乐。

◎ 活动目标

1.认知目标：通过绘画创作和叙事，感悟生命的意义。

2.情感目标：增强感悟幸福的能力，培养积极乐观的生活态度。

3.行为目标：在活动中探索自我应对挫折的力量，自我内化积极体验。

◎ 活动重难点

1.通过活动引导学生发现面对挫折的积极力量，提高心理韧性。

2.通过活动自我内化积极体验，探索生命的积极意义。

◎ **活动准备**

A4 纸、彩笔、胶水、各种树叶和树叶图片。

◎ **活动对象**

中学生

◎ **活动过程**

一、暖身阶段

活动：叶知心意

1. 时间：5 分钟。

2. 准备：各种树叶和树叶图片。

3. 活动方法：

选择一片属于自己的树叶。

树叶寓意着生命和成长、希望与信仰、坚强与爱等。而不同的树叶又有不同的寓意，如果用一片树叶代表你自己，你会选择哪一片，为什么？

4. 分享。

（如：我选择梧桐叶，因为它的寓意是忠诚、安定和祝福；我选择枫叶，因为它的寓意是永恒的爱和坚毅的精神……）

5. 小结：同学们的分享让我们收获颇丰，我们发现每一片叶子都有属于它们自己的寓意，就像我们在座的每一位同学一样，都有属于我们自己的精彩，属于我们自己的生命意义。

【设计意图】通过学生竞相参与，激发了学生的兴趣，吸引了学生的注意力，感受、探寻生命的意义，由此引入本次主题。

二、转换阶段

活动：叶知故事

1. 时间：8 分钟。

2.准备：在每张桌子上放一些枯叶或破损的叶子。

3.活动方法：

（1）在生命的长河里，我们总有遇到挫折，情绪低落的时候，就像这一片片枯叶或损伤的叶子一般，请选择一片代表你自己的叶子。

（2）提问：如果你手中的这片叶子代表着你所经历的一次印象最深刻的挫折，具体是什么事？这件事给当时的你造成了怎样的影响？

引导语：让我们一起拿起这片叶子，仔细地端详它的形状、它的颜色、它的每一根脉络，将它放在手心，轻轻地抚摸它，感受它的每一寸，将它放到鼻子边，闻闻它的味道，再将它放到我们的耳边，听听它的诉说。

4.分享：学生先两两一组进行分享，再自愿进行班级分享。

5.小结：感谢同学们的真诚分享，听到你们的每一场经历我也感同身受，有难过、伤心、不甘等情绪，同时，也感受到你们内心的渴望，也看到你们的坚持和勇敢等。就如你们所言，生命是脆弱的，也是顽强的。

【设计意图】引导学生发现生命中的挫折，发现在面对挫折时，我们有许多无奈，但也有积极的力量，我们需要去进一步探索。

三、工作阶段

活动一：叶知未来——自我成长

1.时间：13分钟。

2.准备：A4纸、胶水和彩笔。

3.活动方法：

每一片叶子都是我们的一次经历，让我们再次看看这片叶子，此时的你是否有不同的感受？让我们一起发挥自己的想象力和创造力，让它变成我们心目中璀璨的模样。

（1）将树叶固定在A4纸的任意位置；

（2）选择自己喜欢的色彩，对叶子进行修饰或以叶子为基础去创作属于自己的画作；

（3）为自己的作品取名。

4.小组分享：

（1）作品的名称；

（2）画中叶子的寓意有何变化？

活动二：叶知未来——助力成长

1.时间：9分钟。

2.活动方法：

在我们的成长过程中，有我们自我的坚持和努力，更有外在的支持。此刻，让我们邀请两个小伙伴，为自己的作品添色增彩。

任意寻找两位伙伴丰富自己的画作。

3.分享：

（1）你为伙伴增添了什么，有何寓意？

（2）看到新的作品，结合你的人生你有何感悟？

小结：同学们的每一幅作品都是如此地与众不同，正如我们每个人都是独一无二的，都有实现自我的能力。

【设计意图】通过体验活动，赋予枯叶或损毁叶子新的寓意，引导学生发现自我内在和外在的积极力量，进一步探索生命的意义。

四、结束阶段

活动：叶知心语

1.时间：5分钟。

2.提问：

（1）现在的自己，想对最初的那片叶子说点什么？

（2）课堂感悟。

3.分享。

4.小结：生命的意义没有唯一的标准答案，在生命的旅程中，美好的日子带给我们快乐，倒霉的日子带给我们经验，最糟糕的日子带给我们教训。相信我们都能在这些经历中，寻找到属于我们自己的生命意义。

最后，愿大家都有前进一寸的勇气，亦有退后一尺的从容。

【设计意图】运用意向对话，帮助学生积极直面挫折，找到继续前行的动力，实现心灵的成长。理解每个人对生命的价值和意义都有不同的认知，需要自我去不断探索。

◎ 板书设计

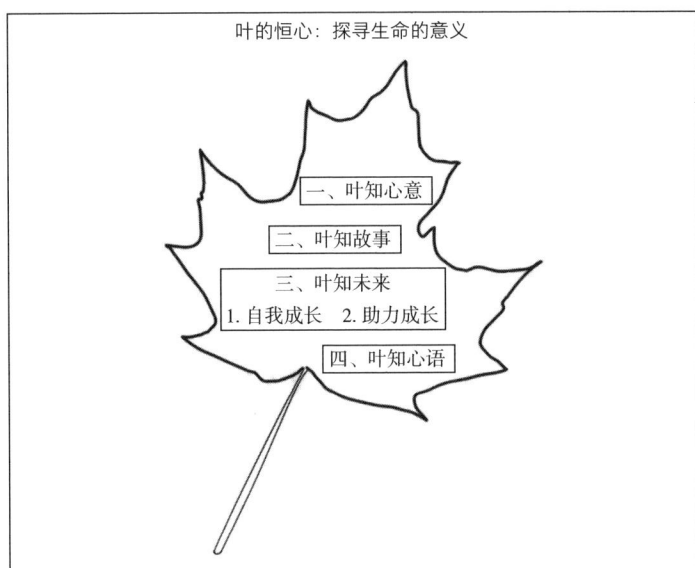

叶的恒心：探寻生命的意义

一、叶知心意
二、叶知故事
三、叶知未来
1.自我成长　2.助力成长
四、叶知心语

◎ 活动反思

本课遵循学生身心发展水平，选择恰当的主题，助力学生成长。活动设计新颖，环环相扣，层层递进，流程清晰。活动过程中学生兴趣盎然，积极探索，在自我体验中发现生命的意义，体验幸福感。助力成长部分不仅让学生看到自己的外在资源，更加深成员间的连接，增强班级凝聚力。在教学中应注意以下几点：

1.本堂课以学生的自我绘画创造与叙事分享为主，教师要积极鼓励引导学生表达，面对个别不愿分享的情况，尊重对方的选择，同时，注意每个活动的时间把控；

2.在学生分享自我挫折时，面对情绪过激的情况，教师要及时沟通处理；

3.教师要注意学生的课堂反馈，让学生在活动中获得自我突破的积极体验，对于学生的分享，教师不仅要积极回应，更要有促进提升的点拨性反馈。

◎ 资料附录

《生命意义感量表》

指导语：请花一些时间想想，是什么让你的生活对你来说显得很重要。请如实、准确地回答下列问题，并从下列选项中选出最符合自己情况的答案，请记住这些是非常主观的问题，没有正确或错误的答案。

题目	完全不同意	大部分不同意	有些不同意	说不清	有些同意	大部分同意	完全同意
1. 我很了解自己的人生意义。	1	2	3	4	5	6	7
2. 我正在寻找某种使我的生活有意义的东西。	1	2	3	4	5	6	7
3. 我总是在寻找自己的人生目标。	1	2	3	4	5	6	7
4. 我的生活有很明确的目标感。	1	2	3	4	5	6	7
5. 我很清楚是什么使我的生活感觉起来是很重要的。	1	2	3	4	5	6	7
6. 我已经发现了一个令人满意的人生目标。	1	2	3	4	5	6	7
7. 我一直在寻找某样能使我的生活感觉起来是很重要的东西。	1	2	3	4	5	6	7
8. 我正在寻找自己人生的目标和使命。	1	2	3	4	5	6	7
9. 我的生活没有很明确的目标。	1	2	3	4	5	6	7
10. 我正在寻找自己人生的意义。	1	2	3	4	5	6	7

计分方法与解释：该量表的10个项目中除第9项是反向计分外，其他项目均为正向计分。拥有意义感（MLQ-P）包括1、4、5、6、9题；寻求意义感（MLQ-S）包括2、3、7、8、10题。测量指标是维度平均分。得分越高，表明意义体验或意义寻求水平越高。

◎ 推荐电影

《心灵奇旅》

第五篇　积极投入

　　积极投入指一个人完全沉浸在某种活动中，无视其他事物存在的状态，又称为心流状态。这种心流状态是一种全神贯注、全身心陶醉于某项自己感兴趣的事情的状态，继而让人忘记了时间与周围其他事物。它有助于提高生产力和创造力，涉及人们如何在活动和任务中充分投入，感到幸福和充实。

　　达到积极投入状态的八个要素。其一，目标清晰、明确，且有一定的挑战性，自己有能力做到；其二，得到及时的反馈，通过这个反馈信号，让个人觉得达到或者更接近目标；其三，排除干扰，专注于活动本身，为行动本身而投入全部心力，实现身心合一；其四，个体自然投入行动，忘却忧虑与沮丧；其五，获得一种个人控制感，享受控制他所处理的事物或对象的愉悦与满足感；其六，减少自我意识，与"大我"合一，当注意力集中于活动和目标时，就顾不上想别的事；其七，时间感知改变，可能感觉时间飞逝或变得漫长；其八，个体理解到体验本身就是目的，即自成目标。总之，只要方法得当，任何工作或活动都能给你带来心流体验。

　　本篇包括叶的长青、花的芬芳和果的香甜，以叶隐喻学习动力，以花隐喻友谊，以果隐喻个体与生俱来承担的责任。好似一颗有灵魂的种子经过青春的洗礼，开出自主意识的花苞，让友谊的花朵开满花园，让果的香甜溢满心间。

第一章 叶的长青：我的学习发动机

◎ 活动理念

学习动机是学习过程中一个至关重要的因素，它决定了学习者是否能够持续有效地进行学习，以及学习的效果。成就动机理论认为，人们有一种追求成功和避免失败的倾向。这种倾向会影响人们的学习动机。目标设置理论认为，目标本身就能够激发人们的内在动机，促使人们努力实现目标。明确、具体、可实现的目标能够激发人们的工作和学习动机。

学生步入小学中高段之后，随着学习内容难度上升、学习任务加重等变化，部分学生出现了上课注意力不集中、对学习不感兴趣、迷茫无目标感的现象。他们内心知道自己应该努力学习，但就是对学习提不起兴趣，认为无聊；或是认为自己就是比别人差劲，努力也没有用，出现习得性无助。因此激发、保持学生的学习动机，增强内驱力，提升行动力就尤为重要。

◎ 活动目标

1. 认知目标：通过游戏活动展开自我反思，让学生了解自己的学习动力不够的状态。

2. 情感目标：通过团体讨论活动，感受对事物保持动力的满足感，并能对自己找到充足的学习动力充满信心。

3. 行为目标：通过活动，利用团体动力挖掘自身资源，找到自己的学习动力，积极调整，促进自己学习。

◎ 活动重难点

1. 感受对事物保持动力的满足感，并能对自己找到充足的学习动力充满信心。

2. 利用团体动力挖掘自身资源，找到自己的学习动力，积极调整，促进自己学习。

◎ 活动准备

白纸、学习单、每组一盒彩笔、签字笔，学生围成大圈。

◎ 活动对象

小学中高年级学生

◎ 活动过程

一、暖身阶段

> 活动："我说你做"

1. 时间：4分钟。

2. 活动方法：学生围成圈，根据老师的指令做出动作。

指令（例如）：

（1）所有学生起立；

（2）男生（女生）拍手；

（3）穿白色衣服的同学举手；

（4）今天情绪很好的同学跳一跳；

（5）有过学习烦恼的同学向前一步；

（6）感觉自己的学习动力不足的同学请上前一步。

3. 分享：随机请1名同学分享自己最近学习发动机动力不足的事情。

【设计意图】通过活动，调动气氛，建立起良好的团体关系；同时引入课题。

二、转换阶段

如果我们是一棵树，要想这棵树长得强壮、树叶青绿，就需要有持续不断的营养供给。而学习就是其中的营养之一。

> 活动：画"学习动力"现状图

1. 时间：10分钟。

2.准备：学习单（"学习动力"现状图）、彩笔。

3.活动方法：

（1）教师引导学生谈论自己最近学习动力不足的情况；

（2）学生画出自己最近学习动力不足的状态，用自己的方式表达出来；

（3）请同学描述自己的"学习动力"现状图。

4.按学习动力不足的情况类型分组。

【设计意图】通过绘画，同学们反思自己的学习状态，明确自己学习动力不足体现在哪些方面。

三、工作阶段

活动一：探秘"动力"

1.时间：10分钟。

2.准备：白纸、签字笔。

3.活动方法：

（1）引导学生思考和分享自己最有动力的事情；

（2）小组讨论：选择小组分享中最有代表性的2~3件事情进行小组讨论；

比如：为什么大多数人对游戏的动力满满？

要求：全员参与讨论，一人记录，一人汇报。

（3）小组代表汇报，并张贴小组记录纸。

预设可能的原因：

A.目标与进步：在游戏中，玩家通常会设定明确的目标，如打败敌人、升级角色或完成任务等。这种明确的目标导向让玩家有明确的方向和追求，并促使他们在游戏中不断努力。此外，游戏中的进步通常与玩家的技能和努力程度密切相关，这让玩家能够感受到自己的成长和进步，进一步激发他们的动力。

B.及时反馈：游戏为玩家提供了及时的反馈，告诉他们在游戏中的表现如何。这种反馈让玩家能够了解自己的进步和需要改进的地方，并促使他们不断调整自己的策略和行为。

C.情感体验：游戏中的情节、角色和环境等因素能够引发玩家的情感共鸣，让他们在游戏中获得情感上的满足和愉悦。此外，游戏中的挑战和困难也让玩家感到兴奋和挑战，这种情感体验也是保持动力的一个重要因素。

D.社会互动：游戏中的多人模式和社交功能让玩家能够与其他玩家互动，分享游戏经验、交流技巧和策略等。这种社交互动让玩家感到自己不是一个人在玩游戏，而是与一个社区或团队一起奋斗。

E.自我实现：在游戏中，玩家可以通过自己的努力达成一些现实中难以实现的目标或梦想。这种自我实现的感觉让玩家感到自己在游戏中获得了成就感和满足感，从而激发他们在游戏中不断追求更高的目标。

…………

【设计意图】通过团体讨论活动，让孩子感受对事物保持动力的满足感，探索对事物保持动力的原因，并能对自己找到充足的学习动力充满信心。

活动二：激发"动力"

1.时间：12分钟。

2.准备：学习单（激发"动力"方法）、签字笔。

3.活动方法：

（1）小组讨论：如何巧妙借鉴游戏的精华来让自己对当前的学习动力满满？

（2）讨论结束，每个人把自己激发学习动力的方法写在学习单（激发"动力"方法）上。

（3）邀请同学分享。

预设可能的方法：

①设定明确的学习目标：就像游戏中的目标一样，为自己设定明确的学习目标。这些目标可以是短期的或长期的，例如，每天完成一定数量的作业、提高数学成绩等。

②及时反馈：请一个同伴或者老师和家长定期为自己提供反馈，告诉自己哪些地方做得好，哪些地方需要改进。

③创造有趣的学习体验：将学习变得有趣，例如，使用有趣的学习材料，将学习内容与游戏结合，组织学习竞赛等。

④团队合作：成立学习小组，例如，可以一起完成小组作业、互相讨论学习内容等。

⑤培养自我成就感：尝试解决一些具有挑战性的问题，完成一些具有创造性的项目等增强自信心和积极性。

…………

（4）大家为还没能找到方法的同学提供建议和帮助。

【设计意图】利用团体动力挖掘自身资源，找到提升自己学习动力的方法和途径，积极调整，促进自己学习。

四、结束阶段

1.时间：4分钟。

2.分享：随机请同学分享自己的收获和感受。

3.小结：学习动力是学生取得优异成绩的关键。希望同学们能够将这些方法付诸实践，不断探索适合自己的学习方式，提高学习效率，取得更好的成绩。

【设计意图】通过分享感悟和收获，增进学生对本次活动的收获认识，进而能够把今日所学应用到日后的学习生活中。

◎板书设计

叶的长青：我的学习发动机

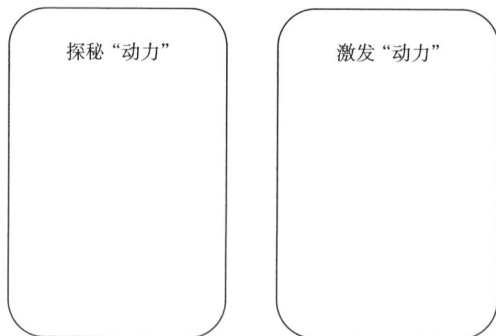

探秘"动力"	激发"动力"

◎ 活动反思

在今天的学生提升学习动力课程中，我深感教育是一项充满挑战的事业。我认识到，作为小学心理教师，我们的职责不仅仅是传授知识，更是引导学生在学习过程中找到乐趣，激发他们的内在动力。

回顾课程，在学生探秘游戏动力方面，教师要注意适时地为他们提供引导和提示，帮助他们尽量更全面地探秘和分析。但在"激发动力"环节，我发现部分学生仍有些迷茫。未来，我应更加注重个体差异，确保每个学生都能在活动中体验学习的乐趣，从而增强学习的动力。

此外，我意识到自己需要设计更有趣味的活动来引导学生参与和体验。我也认识到，每个学生都是独特的个体，他们对于学习的态度和方式都有所不同。因此，作为教师，我需要更加关注每个学生的学习情况，提供个性化的指导，帮助他们找到适合自己的学习方法。

◎ 资料附录

学习单

"学习动力"现状图	激发"动力"方法
情况描述：	

◎ 推荐书籍

《好好学习：小学生自主学习力提升第一课》

第二章　叶的长青：调动中学生学习动力

◎ 活动理念

根据埃里克森人格发展阶段理论，高中生正处于自我同一性发展阶段，这一阶段的主要任务是明确自己的个人目标和未来方向，并为此不懈努力。高中生有好奇心和创造性，乐于接受挑战，注意力较强，易发现生活中的乐趣。然而在日常教学过程中，我发现学生们普遍认为学习是件苦差事，学习过程无聊，学习计划很难执行，难以持续投入学习。学习没有目标、没有动力，甚至厌学，已经成为影响学生学习的主要因素。

马斯洛认为，人类的需要从低到高可以划分为的五个层次，依次是生理、安全、社会、自尊和自我实现的需要。当需要而未得到满足时，就会产生一种紧张不安的心理状态，从而推动人们去满足需要。根据学习动机形成驱动力的作用方式，学习动力分内驱动力和外驱动力。内驱动力指学生主观学习意识，包括学习目的、学习兴趣等内部因素。外驱动力指周边环境，包括外界干扰、学习机制等外部因素。

本课通过活动体验、脑力激荡、讨论、反思，学生了解自己的动力状况，发现自己动力不足的原因，认识到动力在学习过程中的积极作用，从而能积极去思考激发和发挥动力的方法，并能学以致用，在学习生活中排除干扰，主动学习。

◎ 活动目标

1. 认知目标：了解自己的学习动力状况。

2. 情感目标：体验学习动力对学习的重要作用。

3. 行为目标：掌握激发学习动力的方法。

◎ 活动重难点

了解自己学习动机不足的主要原因，采用适合自己的方法或策略激发学习动力，对自己当下的学习状态作出一些改变。

◎ 活动对象

中学生

◎ 活动准备

爱心便利贴、学习单、签字笔、彩笔、组牌；学生分成4组，各组成员呈"U"字形坐。

◎ 活动过程

一、暖身阶段

活动：叶的初心

1.时间：5分钟。

2.准备：学习单、签字笔。

3.活动方法：

提问：同学们从事学习这件事已有十余载了，可谓是"资深学者"了。现在你的学习状态是怎样的呢？请你用一个词或者简短的一句话评估自己的学习状态，写在学习单上。

4.小结：对学生的回答做一个分类总结，分别是目标类、兴趣类、情绪情感类、干扰类。这或许就是我们的学习动力不足的原因。今天我们一起探讨如何激发学习动力，找回我们学习的那份初心。

【设计意图】吸引学生的注意力，激发学生的兴趣，引入本次主题。

二、转化阶段

活动：叶的自白

1.时间：10分钟。

2.准备：学习单、彩笔、签字笔。

3. 活动方法：

在自我评估中我们发现了学习动力不足的四大原因，这就好比树叶中叶黄素增多，让树木没有了活力。所以我们将学习动力不足的四大原因命名为目标之叶、兴趣之叶、情绪情感之叶、干扰之叶。

4. 活动要求：

（1）请你看看哪片树叶对你学习动力的影响是最大的，将它的样子画在学习单上；

（2）简单介绍它是何时到来的，以及带来的变化，把它的名字补充完整；

（3）最后再对它说出自己的心里话。

5. 小结：现在我们收集了让学习动机不足的四种树叶，大家也都向它表达了自己的心里话，其中不乏要做出改变的想法。

【设计意图】通过绘画、介绍、对话、命名活动，学生能站在旁观者的角度看到自己动力不足的影响，触发想要改变的心理。

三、工作阶段

活动：叶的转变

1. 时间：20分钟。

2. 准备：组牌；学生分成4组，各组成员呈"U"字形坐。

3. 活动方法：接下来，我们来帮助树叶形成更多的叶绿素，让我们的树木获得生长的动力，重新充满活力。

4. 活动要求：

（1）重新分组。共有4组，分别是：1组为目标之叶；2组为兴趣之叶；3组为情绪情感之叶；4组为干扰之叶。请大家根据自己的意愿重新选择自己的座位。

目标能够让我找到前进的灯塔。兴趣是最好的老师。情绪和动机相互作用，处理好情绪就能更有效地实现自己的目标。电子产品让我们的生活更加便捷，但如果使用不当，也会让我们深陷其中无法自拔。

（2）请每组同学进行脑力激荡，找出让黄叶变绿的方法，让自己充满学习动力。

【设计意图】通过重新组合，让目标一致的同学聚集到一起，碰撞出有效的改变方法。

四、结束阶段

活动：叶的长青

1. 时间：5分钟。

2. 准备：爱心便利贴、签字笔。

3. 活动方法：找到属于自己的动力之叶后在学习上的变化，请写在课前发的便利贴上，分享之后贴在黑板上的树上。

4. 小结：通过今天的活动参与和体验，同学们找到了属于自己的动力，相信这个动力会让你获得源源不断的能量，在学习失意时支撑你继续向前。

【设计意图】把自己总结出的动力实践于学习，体会收获积极的成果是持续的动力之源。

◎ 板书设计

151

◎ 活动反思

本节课通过问题辨析导出主题。引导学生评估自己当下的学习状态，觉察影响自己学习动机的因素，然后由黄叶隐喻学习动机不足的因素，学生讨论引出激发学习动力的方法。教学方法灵活多样，从多个层面让学生感知、体验和思考，加深学生对学习动机的认识。学生在课上积极总结、分享、探讨，教学效果良好。但是，想要真正有效地转换不良学习动力，还应该具体情况具体分析，在实际操作中加以调整和完善。

◎ 资料附录

学习单

估一估：请你用一个词或者简短的一句话评估自己的学习状态。

_____

画一画：请画出对你学习动力影响最大的叶子。

名字：_____

简单介绍它是何时到来的？

它的到来带来的变化是什么？

我想对它说：_____

◎ 推荐电影

《叫我第一名》

第三章　花的芬芳：让友谊之花绽放

◎ 活动理念

《中小学心理健康教育指导纲要（2012年修订）》提出高中心理健康教育主要包括有"正确认识自己的人际关系状况，培养人际沟通能力，促进人际间的积极情感反应和体验，正确对待和异性同伴的交往，知道友谊和爱情的界限"。

同伴关系在中学生的成长中发挥着非常关键的作用，特别是对他们社会化过程、社交需要的满足、社会支持的获得、良好个性的形成等都有着非常重要的影响。中学生交友热情高，迫切需要通过参加不同类型的群体活动增强情感力量。但心理发展的闭锁性又使他们容易感到孤独，因此又产生了希望被人理解的强烈愿望。他们热衷于寻求理解自己的人，找"志同道合"的知心朋友，对知心朋友，他们能坦率地说出内心的秘密。同时，他们对异性的关注度上升，希望引起异性好感。在一定条件下，少数学生出现对异性较为隐秘的情感，进而发展到恋爱，若处理不好，会影响学习和个性发展。

罗杰斯的人际关系动力理论包括三大原则，分别是真诚一致、无条件积极关注和设身处地地理解。他相信人具有先天的创造、发展和自我实现的潜能。释放这种潜能的必要前提是良好的心理氛围，即真诚的人际关系。

本课通过体验式活动，帮学生感知、明晰人际交往中积极主动回应方式的特点并促进积极主动行为的产生，获得成功经验，挖掘心理潜能，培养学生乐群宜人的积极心理品质。

◎ 活动目标

1. 认知目标：知道积极主动的回应有利于建立良好的人际关系。
2. 情感目标：体验良好人际关系带来的积极情绪。
3. 行为目标：能积极主动地交友以及用真心去维护友谊。

◎ **活动重难点**

在活动中体会主动交友的作用，引导学生学会表达真诚。能积极主动地交友以及用真心去维护友谊。

◎ **活动对象**

中学生

◎ **活动准备**

音乐《找朋友》、欢快的背景音乐、学习单、爱心便利贴、签字笔，全班按1、2报数分成2组，只留凳子，并将凳子摆成一个圆圈。

◎ **活动过程**

一、暖身阶段：含苞待放

活动：找朋友

1.时间：5分钟。

2.准备：音乐《找朋友》。

3.活动方法：播放音乐《找朋友》，并呈现歌词："找呀，找呀，找朋友，找到一个好朋友。敬个礼，握握手，你是我的好朋友。"

4.提问：

老师：儿歌中，你发现与人初识怎样做才能成为朋友？

学生：找。

老师：谁去找呢？

学生：我去找。

老师：找到之后呢？

学生1：就成朋友了。

学生2：有礼貌、握手。

5.小结：是的，在与人初识时，我们要主动出击才能认识新朋友，让友谊开花。接下来请同学们在友谊轮盘中尝试主动交朋友。

【设计意图】吸引学生的注意力，激发学生的兴趣，引入本次主题。

二、转化阶段：花开的声音

活动：友谊大转盘

1.时间：10分钟。

2.准备：1、2报数将全班同学分成2组。1组围成一个圆圈，2组同学站在1组同学的身后，组成一个稍大的圆圈；欢快的背景音乐、学习单、签字笔。

3.活动方法：

（1）伸出1个手指——表示相对陌生——点点头；

（2）伸出2个手指——表示我愿意初步认识你——微笑；

（3）伸出3个手指——表示我很高兴认识你——握手；

（4）伸出4个手指——表示我很想和你做好朋友，与你一起分享快乐和痛苦——拥抱；

（5）数字不同时，听数字小的那个同学的。如，甲同学出1，乙同学出2，则以甲同学为准，相互点点头；

（6）请内圈的同学向后转与外圈的同学相对而站，然后听老师口令出拳，随后听老师说指令向左或右转动。

如，老师说"123，请出拳"，学生出拳。跟新朋友聊自己的爱好30秒。编号为1的内圈的同学不动，编号为2的外圈的同学向右移动3个位置，跟你的新朋友聊自己的优点。编号为1的内圈的同学不动，编号为2的外圈的同学向右移动4个位置，跟你的新朋友聊最近发生的新鲜事。

4.猜拳过程播放欢快的背景音乐。

5.提问：

（1）点了几次头？微笑了几次？握手了几次？拥抱了几次？不同动作带给你的感受？

（2）当你看到别人伸出的手指比你多时，你心里的感觉怎样？当你伸出的手指比别人多时，心里的感觉又是怎样的？

（3）在活动中体会到什么？

【设计意图】在团体的带动下，学生在轻松愉快的气氛中破冰，领悟到要主动付出才能结交朋友，并且利用身体互动来融洽同学间的情感。

三、工作阶段：绽放的光彩

活动一：心理信箱

1.时间：8分钟。

2.准备：学习单、签字笔。

3.活动要求：小鱼儿吐泡泡，吐几个就几人抱团，并将学生分为6人一组。

4.活动方法：

（1）现在交到了新朋友，可是如何与朋友相处却让小毛犯了难。小毛给我写了一封信倾诉烦恼，大致意思如下：妈妈从小教育我要诚实，要实话实说，可有时候说了实话，别人却会生气。比如我同桌的字写得不好看，我说他字写得丑，结果他生了好久的气。评价他人时，说谎话不行，说实话让对方不开心，不说实话自己心里难受。以诚待人难道不对吗？

（2）思考并分享：以诚待人对吗？

活动二：我的"真朋友"

1.时间：12分钟。

2.准备：学习单、签字笔。

3.活动方法：请各组思考并讨论好朋友之间在相处时应该如何做，才能让人感觉真诚又舒服，并举例说明。

4.小结：是的，实话要巧说，才会让我们收获更多友谊。好的方面可以当众说，但指出问题最好不要当着其他人的面说，可以悄悄告诉他。有时还要考虑别人的心情，委婉表达。当然，优点中夹杂不足的表达方式也会让人容易接纳。

【设计意图】通过心理信箱的带入，引起学生的反思，找到合适的表达真诚的方式。

四、结束阶段：永生之花

活动：真言真语

1. 时间：5分钟。

2. 准备：爱心便利贴、签字笔。

3. 活动方法：

（1）请每个同学在爱心便利贴上写出要对朋友表达的真言真语。朋友在现场的可以立即送给对方，不在本班的可以课后再给。

（2）分享：

①请收到便利贴的同学分享看到便利贴的心情，以及想反馈给对方的话；

②请朋友不在现场的同学分享自己期望朋友收到便利贴后的回应。

【设计意图】用学生自己总结的方法来实践，学生学以致用。

◎ 板书设计

◎ 活动反思

在心理咨询和课前与同学及班主任的访谈中发现，很多学生都遇到因"讲真话"的人际矛盾，如因不恰当言辞造成朋友生气闹掰。因此，友谊这个话题能够激发学生学习兴趣，满足学生实际需求。总体来说，这节课的教学目标能够达成。由于课堂时间有限，最后的真言真语练习还不够充分，希望同学们能在人际交往中找到适合自己的真言真语，形成适合自己的"实话"巧说的方法。

◎ 资料附录

学习单

1. 活动分享

活动中，

点了几次头？

微笑了几次？

握手了几次？

拥抱了几次？

不同动作带给你的感受？

当你看到别人伸出的手指比你多时，你心里的感觉怎样？

当你伸出的手指比别人多时，心里的感觉又是怎样的？

你交了多少个新朋友？从中你体会到什么？

友谊
大转盘

2. 小毛的困扰

尊敬的心理老师：

　　您好！

　　有件烦心事困扰了我很久，今天我想告诉您。

　　妈妈从小教育我要诚实，要实话实说，可有时候说了实话，别人却会生气。比如我同桌的字写得不好看，我说他字写的丑，结果他生了好久的气。评价他人时，说谎话不行，说实话让对方不开心，不说实话自己心里难受。以诚待人难道不对吗？

您的学生：小毛

请你帮帮小毛解答以诚待人的难题（以诚待人难道不对吗？）。

请各组思考并讨论好朋友之间在相处时应该如何做，才能让人感觉真诚又舒服，并举例说明。

_____

_____

_____

_____

请每个同学在爱心便利贴上写出要对朋友表达的真言真语。朋友在现场的可以立即送给对方，不在的可以课后再给。

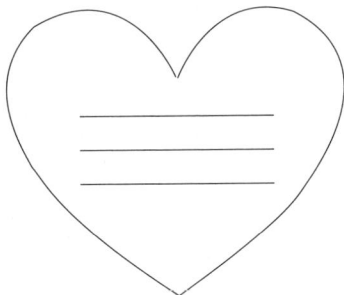

◎ 推荐电影

《追风筝的人》

第四章　果的香甜：我为我负责

◎ 活动理念

《国家中长期教育改革和发展规划纲要（2010—2020 年）》指出：坚持以人为本、全面实施素质教育是教育改革发展的战略主题，是贯彻党的教育方针的时代要求，其核心是解决好培养什么人、怎样培养人的重大问题，重点是面向全体学生、促进学生全面发展，着力提高学生服务国家服务人民的社会责任感、勇于探索的创新精神和善于解决问题的实践能力。《基础教育课程改革纲要》也要求培养学生具有社会责任感。

责任就是承担应当承担的任务，完成应当完成的使命，做好应当做的事情。中学阶段是个体可塑性很强的时期，随着中学生自我意识的发展、社会生活的丰富，他们逐渐产生责任心，不仅包括对国家、民族、社会、家庭、他人的责任心，还包括对自身的责任心。对自己负责是对他人和社会负责的前提，中学生首先要对自己负责。

叙事疗法的理论由澳大利亚心理学家迈克尔·怀特和新西兰的大卫·爱普斯顿提出。叙事疗法中常见的技术有讲述故事、外化、例外、改写、重塑、见证与支持等。叙事疗法的理念颇具积极心理学的特征。它尊重个体经验，相信每个人都是解决自我问题的专家，认为述说的故事中蕴藏一个人成长过程中积淀下来的能量。在述说的过程中激发一个人从过去经验中发展自我认同、寻找积极意义，从而计划未来行动的蓝图。

本课运用叙事疗法，让学生通过述说故事，带领其找出自己遗漏的具有积极意义的生活故事，帮助其重新建构积极的生活。

◎ 活动目标

1. 认知目标：通过讲述生命故事，体会我的选择是有价值的、有意义的。

2. 情感目标：体验"八卦"故事中的积极能量。

3. 行为目标：在活动中展示出负责任的行为，如积极参与讨论。

◎ 活动重难点

1. 从自己讲述的故事中，发现选择的价值和意义。

2. 通过互相讲述"八卦"故事，发展自我认同感，看到自己的积极品质。

◎ 活动对象

中学生

◎ 活动准备

学习单、A4纸、签字笔，2人一组。

◎ 活动过程

一、暖身阶段：初闻果香

活动：自说自话

1. 时间：2分钟。

2. 活动方法：教师语言导入。

人和人之间的交流，很大程度上是故事的交流。人类是天生的最佳的故事叙事者，人们无时无刻不在说故事，并在说故事中赋予生命经验意义，故事也提供了一个人经验的凝结与连续。我们或许有过自己做决定获得成功或失败的经历，这些经历中或许出现一些烦恼、困难、遗憾、失败、无助甚至是无能为力感。请你用说故事的方式，自说自话自己的故事。自说自话就像涂鸦一样，你可以随意发挥。

【设计意图】吸引学生的注意力，激发学生的兴趣，引入本次主题。

二、转化阶段：果香四溢

活动：生命故事

1. 时间：11分钟。

2. 准备：学习单（听故事——故事细节记录）、签字笔，2人一组。

3. 活动方法：

（1）请以自己为主人公，说一个关于自我的生命故事。从小时候开始，一直到现在，你可以选取其中任何一件事情来说，或者是任何一类事情来说。

（2）你可以顺着自己的感觉去说，说完后给自己的故事命名。

（3）放松控制，不用删除内容，随意去说就好，不要担心说错什么，不用去思考，不要想着这个故事要合乎逻辑，把故事讲完整就可以了。

（4）2人一组，一人讲一人听；一人讲完后交换角色。听故事的同学，记好故事的每一个细节，以便发现有迹可循的"八卦"故事外的事。

（5）分享：故事中你出现了怎样的情绪？出现这样的结局符合你的预期吗？你收获的经验是什么？

4. 小结：故事中主人公往往会带着某种情绪，这种情绪总是纠缠着主人公，从而影响了他思考问题和找到处理事情的办法。

【设计意图】引导学生从故事中总结经验，看到自我选择的价值和意义。

三、工作阶段：香甜可口

活动一：对话情绪

1. 时间：10分钟。

2. 准备：学习单（对话情绪）、签字笔，2人一组。

3. 活动方法：请同学们与自己的情绪对话，将情绪与自己分离开，探讨情绪的起源、影响以及例外。

（1）做3次深呼吸，体会跟自己的情绪在一起，给情绪命名。

（2）与情绪对话：

• 你现在多大了？

• 你是从什么时候进入我的生活的？当时发生了什么事情？

• 你想让我的学习、生活和人际关系发生什么样的变化？

• 什么时候？跟谁在一起，发生了什么事情会让你特别强大？

- 什么时候？跟谁在一起，发生了什么事情会让你失控？
- 什么时候？跟谁在一起，发生了什么事情会让你变弱？
- 什么时候？跟谁在一起，发生了什么事情会让你特别安静？
- 你希望我从你身上学到什么？

（3）分享：与情绪对话后你收获了什么？

4. 小结：在同一时空内，故事的可能性是无限的，有时故事的情节限制了我们的眼睛，使我们看不到故事还有更好的"八卦"。

活动二："八卦"故事

1. 时间：13分钟。

2. 准备：学习单（听故事——"八卦"细节记录）、签字笔，2人一组。

3. 活动方法：每个小伙伴请你帮助故事主人公"八卦"更多故事之外有意义的事件，这个事件没有被主人关注到，但体现主人很有责任感、充满了正能量和价值感。

（1）学生：2人一组，一人讲一人听；一人讲完后交换角色。

（2）分享：听完伙伴的讲述，你发现了自己的哪些积极品质。

4. 小结：人生故事里每一步的抉择我们都担负了很多，同时也收获了很多——大学、职业、爱人、婚姻、家庭等。

【设计意图】引导学生积极认同自我，找到能担负起责任的积极品质。

四、结束阶段：沁人心脾

活动：未来故事

1. 时间：4分钟。

2. 准备：学习单（续写故事）、签字笔。

3. 活动方法：请你续写十年后的生命故事。

4. 小结：人不是问题，问题本身才是问题，甚至问题本身不是问题，如何解决问题才是问题，我们是自己问题的专家。我们有足够的资源和能力在自己的人生路上做出抉择、担负责任、解决问题，最终收获一颗香甜的果子。

◎ 板书设计

果的香甜

◎ 活动反思

本堂课将叙事疗法运用于心理课堂，让心理课在技术的加持下有了浓厚的心理味。通过生命故事梳理，跟情绪的对话，从支线故事中寻找例外，让学生看到了自己的选择最终无论走向成功还是面临失败，都是有价值的。

◎ 资料附录

学习单

1. 听故事：记录故事的每一个细节，以便后面可有迹可循地"八卦"故事外的事。

2. 对话情绪：

命名情绪：
你现在多大了？
你是从什么时候进入我的生活的？当时发生了什么事情？
你想让我的学习、生活和人际关系发生什么样的变化？
什么时候？跟谁在一起，发生了什么事情会让你特别强大？
什么时候？跟谁在一起，发生了什么事情会让你失控？
什么时候？跟谁在一起，发生了什么事情会让你变弱？
什么时候？跟谁在一起，发生了什么事情会让你特别安静？
你希望我从你身上学到什么？

3. 续写故事：人生故事里每一步的抉择我们都担负了很多，同时也收获了很多，比如大学、职业、爱人、婚姻、家庭等。请你续写十年后的生命故事。

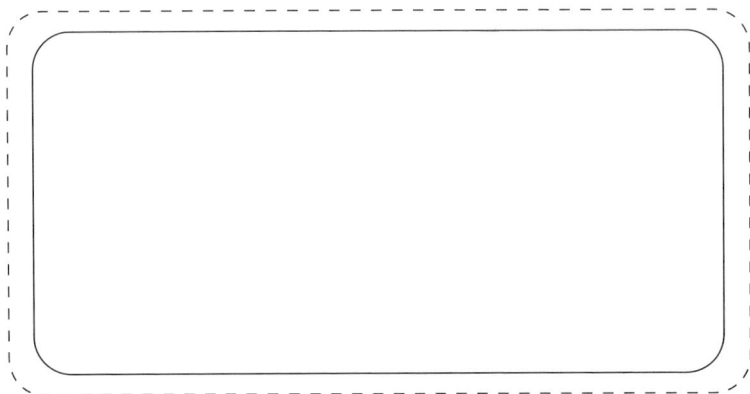

◎ **推荐电影**

《中国机长》

第六篇 积极成就

　　成就是指达到目标。成就感则为一个人做完一件事情或者做一件事情时，为自己所做的事情感到愉快或成功的感觉，即愿望与现实达到平衡产生的一种心理感受。自我成就感是指个体在完成某项任务或达成某个目标后所产生的心理感受。它是一个人对自身能力和价值的认知和评价，是一个人能够感受到自己努力和付出所带来的成果的一种体验。

　　塞利格曼在研究中表明："生命中有目标是幸福的，即使是每天阅读一小时或是努力完成人生目标，也是很重要的。"哈佛研究中心表明，不是成功带来了幸福，而是幸福带来了成功。

　　本篇包括狂风中的坚持、暴雨中的坚韧和阳光中的陶醉，分别对应抗压力、适应力、合作力三个方面。好似一颗有灵魂的种子在生命历程中磨炼成长，拥有了成熟灵魂与健康心灵的承受力，形成较好的心理韧性，更好地适应社会环境。

第一章　狂风中的坚持：你好，压力！

◎ 活动理念

每一个人都会经历压力，压力会一直存在于我们的生活里。马斯洛认为：生活压力、挫折并不总是坏的，关键在于对挫折、压力的态度和看法。有心理学家指出：抗压力、抗挫折能力是将来适应社会的重要能力。

小学高年级学生处于身心发展的重要时期，他们面临的不仅有来自学业的压力，还有来自同伴、亲子关系及自身成长困惑的压力。因此，他们需要不断增强承受生活压力的能力，抵御生活压力，磨炼自己的意志，形成不屈不挠、迎难而上的精气神，从而能积极面对生活中的困难和人生中的各种压力。本课旨在引导学生正确认识压力，倾听他人的经验，丰富自己应对压力的方法和策略，提升自己的抗压力，自信阳光地面对生活。

◎ 活动目标

1.认知目标：引导学生认识到压力的普遍性，适当的压力是有好处的，同时意识到自己的压力源。

2.情感目标：通过活动，能坦然接受压力的存在，并对自己能应对压力充满信心。

3.行为目标：通过活动，掌握并运用应对压力的策略，并会在日常学习生活中使用，不断提升自己的抗压力。

◎ 活动重难点

1.对自己能应对压力充满信心，并能找到正确应对压力的合适方法。

2.掌握应对压力的策略，并会在日常学习生活中使用，不断提升自己的抗压力。

◎ 活动准备

学习单、热身故事、签字笔、弹弓、便利贴、木头、A4纸、大白纸（每组一张），

6~8 人一组。

◎ **活动对象**

小学高年级学生

◎ **活动过程**

一、暖身阶段

> 活动：压力对对拍

1. 时间：5 分钟。

2. 准备：热身故事。

3. 活动方法：

（1）全体学生起立，两两对站。

（2）双手伸出，和搭档的手重叠但保持一定的距离。 听小明的故事，当你们听到"压力"这个词的时候，A 双手逃离，B 双手去拍对方的手。被拍到的和没有按规则拍的都要接受惩罚（上台表演节目），活动中注意感受自己的心跳和呼吸频率。

（3）分享：活动中你的心跳和呼吸是怎样的？ 你有什么感觉？

4. 小结：很多同学在活动中都有紧张、手心出汗、心跳加速的感觉，我们在感受到压力时，常会有类似的感觉。 那这节课我们就一起来聊聊压力。

【设计意图】通过破冰活动，缓解紧张的气氛，并引出本课的主题。

二、转换阶段

> 活动：我的压力圈

1. 时间：8 分钟。

2. 准备：学习单、签字笔。

3. 活动方法：

（1）想一下，最近一段时间让你感觉有压力的事情有哪些，其中哪些事情让你的压力非常大？

（2）现在请拿出我们准备好的压力圈图，图里有大小不一的圈，大圈代表让你感觉压力大的事情，小圈代表压力小的事情。在圈里写出对应的事情（教师举例）。

（3）小组分享与交流：

①你的压力来源有哪些？

②看到这些圈你有什么感觉（身体、心理、行为）？

4.小结：看来，同学们或多或少都会有压力，有压力是正常的。那压力让我们体验到了这么多的不适感，它真的就一无是处吗？

【设计意图】通过画压力圈，让学生直观地看到自己的压力情况和压力源，提高学生对这节课的兴趣和参与度，营造良好的课堂氛围；通过分组讨论同学们在压力反应下的生理反应、心理反应和行为反应，可以提升自己的觉察力，意识到自己的状态，才能更好地应对压力；通过观察其他同学，让学生认识到压力是普遍存在的。

三、工作阶段

活动一：弹弓击木

1.时间：8分钟。

2.准备：弹弓、木头。

3.活动方法：

（1）用一把弹弓把不远处立着的木头打倒，但是打倒后木头不能飞出去。请同学来尝试，分别用拉得松、拉得很紧、拉得不紧不松几种方法来击打目标木块。

（2）小组讨论：哪种情况更合理、更有利？为什么？

4.小结：同学们说得很好，拉得不紧不松来击打木块是最有利、最合理的。那么我们的压力也一样，压力过大或者过少都是不利的，只有对于自己来说合适的压力对我们才是最有利的。压力过大时会让我们有很多不适的体验，那怎么缓解自己过大的压力呢？

【设计意图】通过体验活动，让学生感知到用适当的力击打木块是最有利的，通过压力与学习效率的关系图让学生认识到对于自己来说，适当的压力是有益的。

活动二：我说你画

1. 时间：10分钟。

2. 准备：A4纸、签字笔。

3. 活动方法：

（1）学生根据老师的指令一笔一笔地画，不能问，不能涂改，也不能看其他同学的。

（指令：请先画一个小圆、一个大圆，再画一个半圆，再画两个小的椭圆，最后画很多条直线。）

（2）小组分享：讲述自己完成作品的过程，以及为什么完成这样一幅画作。

4. 小结：这是一个利用心理投射原理进行的心理测验游戏。我并没有想到要大家画出什么，只是想通过这个活动让大家明白：在完成同样一件事情时，每个人所感受到的心理压力是不同的。画成一幅比较好的画的同学心理压力最大，没有完成完整的图画的同学几乎没有什么心理压力。原因是，前者在接受外部工作任务的同时，会不自觉地给自己再下了一道任务（如，我必须……我应该……）。这样任务加任务就会增大自己的心理压力。从这个角度讲，心理压力是我们自己造成的，对待同一件事，不同的认知会感受到不同程度的压力。

所以，减轻压力的一种较好的方法就是调整自己的认知。比如：在某个学科上与同学有差距。有些人会认为我和同学差距很大，无法超越他们，所以采取的行动就是放弃努力。但有的同学则认为这种压力对我是一种提醒，我发现了自己的不足，把它转化为超越的动力，于是就分析思考造成差距的原因，及时赶上。

活动三：自制减压宝典

调整认知是其中的一个减压方法，那你还有哪些好方法呢?

1. 时间：6分钟。

2. 准备：每组一张大白纸、每人一张便利贴。

3.活动方法：

（1）思考：最近你的压力是什么？你都用过哪些方法来进行调节呢？写在便利贴上。

（2）小组分享便利贴内容，并将各自的便利贴贴在本组的大白纸上，形成"小组减压宝典"。

（3）分享总结：

学生发言，老师总结：调整认知、体育运动、合理宣泄、转移与疏导、放松训练、寻求支持和帮助……

【设计意图】通过画图、书写、讨论，探索到减压的策略，提升自己的抗压力。

四、结束阶段

1.时间：3分钟。

2.活动方法：随机请同学分享自己的收获和感受。

3.小结：看来大家都是自己问题的解决专家。在大家的集思广益下，我们得到了这样一份"减压宝典"。但要有效缓解生活中的压力，光有宝典不行，还需要实操练习，不断提升自己的抗压力。让我们从今天就开始尝试吧！

【设计意图】通过分享感悟和收获，总结强化所学的方法，并鼓励学生行动起来，将其应用到平时生活中，不断提升自我的抗压力。

◎ 板书设计

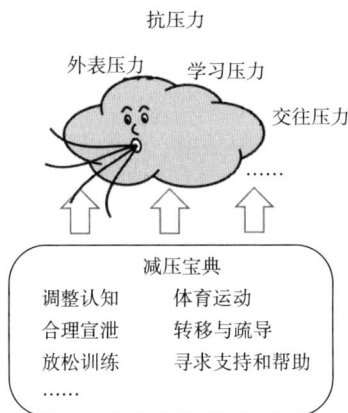

◎ 活动反思

本课是一节引导学生正确认识压力，倾听他人的经验，丰富自己应对压力的方法和策略，提升自我抗压力的心理活动课。

回顾课程，在暖身阶段压力对对拍活动中，采用你抓我逃的方式，让学生感受压力和紧张的感觉，从而引出本课的主题。在转换阶段，引导学生回忆最近一段时间感觉有压力的事情，让学生直观地看到自己的压力情况，以及在这种压力下的各种反应，提升他们的觉察力，同时让学生认识到压力是普遍存在的。工作阶段主要通过弹弓击木让学生认识到适当的压力是有益的。活动二"我说你画"和活动三"自制减压宝典"是让学生通过画图和团体讨论探索减压的策略，提升自己的抗压力。

此外，在授课过程当中，需要注意：第一，由于活动安排较紧凑，需要安排好时间；第二，在引导学生反思谈感受时，要适当地给予提示和补充；第三，弹弓击木环节一定要多次强调安全事项。

◎ 资料附录

1. 热身故事

同学们好，我叫小明。我想和大家聊聊天，聊聊我最近的压力。最近我觉得压力好大，因为还有不到两周的时间就要考试了。你们有同样的压力吗？最近老是很紧张，想抓紧时间好好学习，但是越是想学习，压力就越大，晚上睡觉也睡不好，白天又瞌睡，没精神，然后一天又浑浑噩噩地过去了，晚上回家想到自己又浪费了一天，压力更大了。真希望你们能帮帮我，帮我释放一下我的压力。

2. 学习单

压力圈图

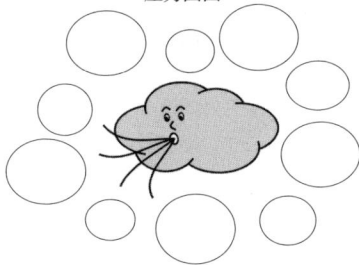

◎ 推荐书籍

《老人与海》

◎ 推荐电影

《奇迹男孩》

第二章　狂风中的坚持：抗压力

◎ 活动理念

初中心理健康教育内容包括学生抗压的能力，学生能及时应对自己所面对的压力。压力学之父塞利提出压力又称应激或紧张，是环境中的刺激所引起的人体一种非特异性反应。非特异性反应是指一种无选择地影响全身各系统或大部分系统的反应。

初中阶段的学生已步入青春期，青春期又名"危险期"，狂暴性与温和共存、情绪的可变性与固执性共存、内向性与外向性共存。青春期的孩子面对诸多压力导致情绪多变，遇到敏感的事件很容易产生压力。因此帮助孩子认识压力、了解压力来源以及应对方法是极其重要的。

◎ 活动目标

1. 认知目标：通过活动认识压力并且弄明白压力的普遍性，分清适当的压力是有好处的，认识到自己的压力源。

2. 情感目标：以正确的心态直面压力，形成自己的抗压力。

3. 行为目标：掌握并应用应对压力的策略，不断提升抗压力。

◎ 活动重难点

1. 通过活动认识压力的普遍性，并能寻找自身的压力源。

2. 以正确的心态直面压力，提升自己的抗压力。

◎ 活动对象

初中生

◎ **活动准备**

气球、学习单、彩笔、签字笔。

◎ **活动过程**

一、暖身阶段

活动一：心境检查——天气预报

1. 时间：2分钟。

2. 活动方法：（1）根据自我状态作出相应动作。你今天的心情怎样？双手交叠拍手臂——非常开心；拍大腿——很开心；拍掌——有点开心；拍桌子——心情一般；拍手加脚踏地——有点不开心；拍桌子加脚踏地加嘴巴发"呜"——非常不开心。（2）揭题。

【设计意图】通过心境检查，唤醒学生的课堂注意力，提升学生的自我觉察能力。

活动二：吹压力球

1. 时间：3分钟。

2. 准备：每人2个气球。

3. 活动方法：

（1）在20秒内，将气球吹到极限（也就是不能再吹了，再吹气球就破了）。

（2）分享：仔细观察气球由小到大分别经历了哪几个变化过程。

4. 小结：

（1）气球不够饱满——压力太小，状态不佳。

（2）气球富有弹性——压力适度。你压它它不会破，你放开气孔它依然能恢复到原来的状态。

（3）气球失去弹性——压力超标，恢复不到原来的状态。

（4）撑破——压力严重超标。

【设计意图】将气球比喻为我们每天接受外界给予的不同压力，用气球的变化比喻压力变化，将压力通过活动显现化。让抽象的压力直观化，为后面活动打下基础。

二、转换阶段

活动：绘制压力球

1. 时间：10分钟。

2. 准备：学习单、彩笔。

3. 活动方法：

（1）学生在学习单上填写自己的压力值。

（2）思考：

①当前，我们面临的最大的压力是什么，在纸上找到最大的球，将它绘制下来。它是什么颜色？

②这个小球里的压力长什么样子？

③可以给它取个什么名字？

④用1~10分表示，10分是满分的话，这个压力是几分呢？

（3）分享：选择所画的压力球其中一个来分享压力。

4. 小结：通过绘制压力球的方式，我们更清晰直观地看到了自己的压力。而我们的压力又来自何处呢？

【设计意图】通过表达性艺术治疗的方式。将压力球进行一般化技术，学生在绘制、分享的过程中感知压力不仅我有，别人也拥有同样的压力，只是每个人对压力的感受程度不同。压力是被允许的，只不过要保持在一定的程度。同时帮助学生掌握调节压力的方式。

三、工作阶段

活动一：寻找压力源

1. 时间：5分钟。

2. 准备：学习单、签字笔。

3. 活动方法：

（1）静下心想想自己的压力都来自哪里？

（2）完成学习单上"我的压力清单"。

（3）分享：

①小组内相互分享自己的压力源，并对比异同。

②每组派一位代表总结、分享本小组压力源的异同。

4.小结：压力可能来自外部压力以及内部压力。

（1）外部压力：

①与同学、朋友、老师发生争执的人际冲突压力；

②和家里人发生冲突等家庭压力；

③比赛、考试等学习压力；

④负向事件的生活压力等。

（2）内部压力：

①自身期待过高导致的压力；

②自身能力不足造成的压力，比如做不擅长的事情等；

③自信心不足造成的压力，比如怕输、怕丢人等。

【设计意图】设置情景对话环节，找到压力的来源。将最近面临的最大压力画出来；再与其对话。分享"解读压力信息"，为当前面临的压力采取适合自己的方法解压，增强自己的抗压能力打下基础。符合学生的认知逻辑，学以致用。

活动二：释压力锦囊

1.时间：10分钟。

2.活动方法：

（1）头脑风暴缓解压力的方法有哪些；

（2）体验释压技巧，比如：压力具象转移法。

压力具象转移法：请同学们想象一下压力像石头一样压在胸口，让我们感觉喘不过气。大家深深地吸，慢慢地呼，再深深地吸，慢慢地呼。请跟随节奏进行呼吸。接下来，我们将呼出的"气"，吹进气球。请同学们深深地吸，把气球放在嘴边，慢慢地呼，把所有的压力都呼出来，呼进气球，把气球移开，再深深地吸，慢慢地呼……重复几次。试着让我们身上的压力换一个地方待着，把负面的情绪感受也跟着呼吸的转移而转移出去。

（3）体验不同释压技巧后，给压力重新评分。

3. 小结：

（1）宣泄法：倾诉、写日记、哭泣、大笑、到宣泄室。

（2）转移法：听音乐、唱歌、运动、旅游等。

（3）眼动法：眼球运动，如左右视、上下视、顺逆时针方向旋转眼球等。

（4）肌肉放松法：拿出双手，想象已经将压力握在拳头里面，从 1 数到 10，随着数字的增加，拳头越握越紧，越握越紧。1—2—3—4—5—6—7—8—9—10，慢慢地松开手，想象放下压力……反复多次。这是简单的握拳法，可以在两分钟的时间内，使我们的紧张情绪大大放松。

【设计意图】让学生自我发现并总结多样的释压方式，根据自己的喜好，对自我压力进行释放和调节。

四、结束阶段

活动：回音壁

1. 时间：5 分钟。

2. 活动方法：

（1）根据分值变化，寻找到适合自己的有效释压方式。

（2）回忆过程，谈论收获。

（3）分享：压力，普遍存在于我们学习和生活中，适度的压力也有利于我们的身心健康，让我们一起正视压力，积极面对，拥抱未来。

【设计意图】让学生感受自我压力的缓解，固化本课所学，以积极的心态面对压力。

◎ 活动反思

本节课通过心理小游戏"吹压力球"导入，让学生聚焦本节课的主题——"抗压力"，通过"绘制压力球"，认识到每个人都有压力，且对压力的承受大小不同。通过"寻找压力源"，发现同学们压力的来源既有内因，也有外因。压力无处不在，不能躲避，也无法绕行。每个人都要面对压力。然后通过"释压力锦囊"找到抗压的一些办法，增强学生的抗压能力。将本节课的所学所悟运用到生活中，使学生重视压力背后的心理影响，想办法去减小它，转化潜意识中积压的负面情绪，从而更好地应对学习和生活中遇到的压力问题。

本设计将同学们排斥的、觉得抽象的压力，巧妙地通过游戏、创作绘画等形式呈现，让学生通过看、听、说、体验的方式，走近压力，看见压力，叙说压力，体会抗压的一些方法，这种形式和方式符合初中生的心理发展特点。

本活动设计也充分体现了心理课以学生活动为载体，以学生为主体，让学生自己在活动中体验，在体验中感悟。学生自己感悟出来的道理印象更深刻，也更有说服力和影响力。这不仅对学生调整压力、管理压力、接纳自己、发展自己，对增强抗压能力可以起到积极的促进作用，也有助于初中生顺利度过"危险期"的情绪波动期，与青春期的多种压力和谐共舞！

◎ 资料附录

学习单

自我判断：请你判断一下自己是否有过压力，当时的压力值是多少（0 分表示没有，10 分表示压力爆表）。

_____

自我觉察：

1. 我感受到常年累积的压力是：

2. 我感觉到超出自己能力范畴的压力是：

3. 我感觉到超过自我接受度的压力是：

我的压力清单

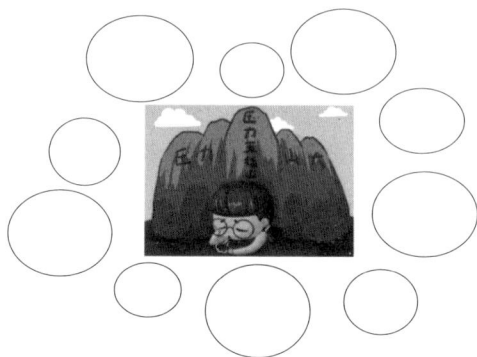

◎ 推荐书籍

《抗压力》

第三章　暴雨中的坚韧：适应力

◎ 活动理念

《中小学心理健康教育指导纲要（2012 年修订）》指出心理健康教育的具体目标是：使学生学会学习和生活，正确认识自我，提高自主自助和自我教育能力，增强调控情绪、承受挫折、适应环境的能力，培养学生健全的人格和良好的个性心理品质；对有心理困扰或心理问题的学生，进行科学有效的心理辅导，及时给予必要的危机干预，提高其心理健康水平。

适应是指在环境中经过生存竞争，而形成一种适合环境条件的特性与性状的现象。在心理学中，心理学家皮亚杰认为，适应是为了取得人与环境的平衡而作出相应的心理反应，包括外部行为动作和内化的思维动作，人对环境的应变能力。

◎ 活动目标

1. 认知目标：学会评估自己的现状，了解适应的内涵。

2. 情感目标：积极体验环境，从中感悟自身的资源、优势能量。

3. 行为目标：掌握有效应对环境、人际和学习等方面适应性问题的基本方法，提升个人心理适应能力。

◎ 活动重难点

1. 积极体验环境并感悟自身应对环境的优势资源。

2. 掌握有效应对环境等方面的适应性问题的基本方法，提升个人心理适应能力。

◎ 活动对象

中学生

◎ 活动准备

学习单、彩笔、签字笔、A4 纸，6~8 人一组。

◎ 活动过程

一、暖身阶段

活动一：不一样的十指交叉

1.时间：3 分钟。

2.活动方法：

（1）教师说活动要求并示范；学生跟着做十指交叉；学生反复体验。

①十指正向交叉互击，体验并表达感受；

②相反的方式交叉双手互击，体验后表达感受。

（2）小组分享十指交叉的感受。

3.小结：一个小小的十指交叉改变，就让我们感到不适，更不用说我们学习或生活环境的改变。

【设计意图】通过跟随老师的示范动作去体验双手十指交叉的感受，了解自己习惯的十指交叉方式，体会到不同的交叉方式带来的不适应感，揭示本课主题。

活动二：适应力评估

1.时间：2 分钟。

2.活动方法：对目前的适应力评分，1~10 分，会评几分？分数越高表示你对新环境适应越好。

3.小结：遇到困难时，能想到办法调整自己，尽量让自己和周围环境保持平衡。大部分同学都具有一定的心理能量，这种能量来源于一种重要的能力——适应力。

【设计意图】通过十指交叉的活动让学生体会到不适应的感觉，引出本课主题。运用焦点解决短期治疗的评量问句，鼓励学生评估自己适应的状态，表达自己的感受，体验自己所具备的资源，通过讨论总结引出适应的主题。

二、转换阶段

活动：校园一角

1.时间：14 分钟。

2.准备：彩笔、学习单，6~8 人一组。

3.活动方法：

（1）任选一名学生用文字描述在校园漫步时被吸引的感觉，其他同学想象他描述的是什么东西，什么颜色等，将这些事物与你的感受用文字与图画展示出来。

（2）分享：

①小组内分享；

②各小组派代表分享小组共同赞同的作品。

4.小结：美好的事物总能引起我们的共鸣。美丽的校园让我们乐于停留。

【设计意图】让学生在美好的地方多停留片刻，与美好产生共鸣与连接，帮助学生更积极地适应学习与生活。通过画图书写，助力学生找到一些提高自己的适应力的资源。

三、工作阶段

活动：我遇到的事

1.时间：16 分钟。

2.准备：A4 纸、签字笔，6~8 人一组。

3.活动方法：在纸上用一句话表达自己最近遇到的事，并在事件旁边写下自己做过的努力。

（1）句型：最近我遇到了……针对这件事，我做了 A……B……

（2）同桌的建议与判断；

（3）小组同学的建议与判断。

4.小结：解决适应的问题的方法有很多，希望学生们能将今日的收获用于实践；同时向其他人求助也是帮助我们更好地脱离困境，适应变化的好方法。

【设计意图】通过小组探讨，了解到更多提高适应力的方式，通过解决困境，不断提高自己的适应力，并进一步内化。

四、结束阶段

活动：我的收获与洞见

1. 时间：5分钟。

2. 准备：A4纸、签字笔。

3. 活动方法：

（1）思考并写下今日的收获；

（2）分享。

4. 小结：本课探索了一些提高适应力的方法，希望大家能在未来的时光里，更快更好地适应新环境，让我们一起行动起来吧！

【设计意图】总结强化所学的方法，并鼓励学生行动起来，将其应用到平时生活中。

◎ 活动反思

"千磨万击还坚劲，任尔东西南北风"，郑燮（清）的《竹石》就表达了竹子经历成千上万次的折磨和打击，依然那么坚强，不管是酷暑的东南风，还是严冬的西北风，它都能经受得住，依然坚韧挺拔。本课通过学生自我的评估，共同发现校园的美，探索自我应对适应问题的资源和方法，并讨论总结发现更多适合自己的方法，体现了学生的主体性和教师的引领作用。对环境的适应力是化解生活难题的核心力量之一，但是学生将所学运用于实际学习生活的能力还需再加强。

◎ 资料附录

学习单

画一画：我心中校园的色彩。

◎ 推荐书籍

《适应力》

第四章　阳光中的陶醉：合作力（中学）

◎ 活动理念

《国务院关于基础教育改革与发展的决定》中指出："鼓励合作学习，促进学生之间的相互交流、共同发展，促进师生教学相长。"由此可见国家决策部门对合作学习的重视。

集体动力理论认为具有不同智力水平、知识结构、思维方式和认知风格的成员可以互补。在合作性团体里，学生可以相互启发、相互补充，相互实现思维、智慧上的碰撞，从而产生新的思想。合作的集体学习还有利于学生自尊情感的产生。

社会交换理论认为合作是两个以上的个体或群体为了实现共同的目标而共同完成某项任务。"学会学习，学会创造，学会合作，学会生存"已成为现代教育的主题，合作是未来工作、社会适应乃至国力竞争的基础。

初中阶段是人生发展的第二个关键期，在此阶段通过团体辅导的形式来增强学生的合作效能，对提高中学生的合作能力起一定指导作用。

◎ 活动目标

1. 认知目标：通过活动促进学生理解合作力的重要性，提升合作意识。

2. 情感目标：学生通过反思自己的合作经历，体会沟通、领导、应变力等合作力的构成要素，提高自我意识和团队协作能力。

3. 行为目标：能积极主动与团队成员合作。

◎ 活动重难点

1. 在活动中领悟到合作的重要性。

2. 通过参与活动，学生总结出合作力的构成要素。

◎ 活动准备

学习单、彩笔、105 米的绳子 12 根，眼罩 48 个等。

◎ 活动过程

一、暖身阶段

心境检查——天气预报

1. 时间：2 分钟。

2. 活动方法：根据自我状态作出相应动作。你今天的心情怎样？双手交叠拍手臂——非常开心；拍大腿——很开心；拍掌——有点开心；拍桌子——心情一般；拍手加脚踏地——有点不开心；拍桌子加脚踏地加嘴巴发"呜"——非常不开心。

【设计意图】通过心境检查，唤醒学生的课堂注意力，提升学生的自我觉察能力。

活动：故事导入

1. 时间：3 分钟。

2. 活动内容：通过 PPT 展示地震图片。

3. 活动引导语：地震后，很多人都无家可归。这节课我想请同学们来携手帮他们搭建房子，我们建好的房子是送给灾区人民的，所以房子要求坚固、美观、实用。

【设计意图】活跃气氛，激发学生的学习兴趣，导入课题。

二、转换阶段

活动：设计房子

1. 时间：5 分钟。

2. 准备：学习单、彩笔，8 人一组。

3. 活动要求：

（1）小组成员共同商量房屋设计图纸；

（2）每个组员只能画一笔，完成设计图。

【设计意图】初步体验合作力。

三、工作阶段

活动一：建造房子

1.时间：15分钟。

2.准备：每组105米的绳子2根；眼罩48个。

3.活动方法：按照设计图纸建造房子模型。

（1）参与建模的组员必须蒙上双眼。

（2）可以由一名成员用语言指导完成任务，其他成员不能直接指导，可将想法告知指导者。

（3）分享：活动过程中任务是怎样进行下去的?

活动二：共建房子

1.时间：10分钟。

2.活动方法：请各组将自己建造的房子拼接在一起，组成一个家。

（1）各组可以先商量自己的房子适合作为家的哪一部分，然后派代表去跟其他小组一起商量如何行动。请代表公布商议结果。

（2）各组成员按照商议结果，将家庭模型放置于指定位置：

①参与建模的组员必须蒙上双眼。

②各组可以由一名成员用语言指导完成任务，其他成员不能直接指导，可将想法告知指导者。

【设计意图】在活动中感受合作的力量，体会合作的各要素。

四、结束阶段

1.时间：5分钟。

2.活动方法：小组讨论

（1）小组任务是怎样完成的?

（2）哪些想法和做法有利于小组任务的完成？

（3）你在合作中做了什么？发现了什么？

（4）你觉得合作需要哪些条件？

3.小结：合作需要团结、友爱、协作、分享等。在团队中，每个成员既要有个人能力，又要有较好的合作协调能力，在不同的位置上发挥不同的能力，真正做到各尽其职、各显所能。

◎ 活动反思

丰富的活动让学生兴趣浓厚，积极参与；合作能带给每个人冬日阳光般的温暖，在不断合作中取长补短、共同进步、共同成长；在活动中要注意控场，注重学生的感悟分享，而非完全沉浸于活动中。活动场地以团辅教室为佳。

◎ 资料附录

学习单

画一画：请小组内每人只画一笔，设计小组自己的房子。

◎ 推荐书籍

《合作力》

第五章　阳光中的陶醉：合作力（小学）

◎ 活动理念

当今社会，合作是适应社会及增强国际竞争力的基础。小学高年级学生已能感受到生活的美好，对新奇事物充满好奇心，喜欢动脑筋，乐于提问题，其感知觉的无意性和情绪性比较明显，但注意力不够稳定，不够持久，缺乏耐心和毅力，缺乏一贯性。在人际交往方面，他们以自我为中心的现象更明显，希望得到他人的关注，喜欢受到表扬或赞美，喜欢发表自己的见解。学生开始明白竞争与合作，但他们大多依赖性强，在家庭、学校生活等多个层面表现出不合群、不善于与人合作的弱点。能够简单地进行合作但缺乏合作的习惯，不能做到很好地与人交流。合作和协调精神是学生进行良好的人际交往所必需的心理品质。因此，对于他们来说，增强合作意识、学会合作方法、提高合作能力是非常重要的。

学生是祖国的花朵，是国家的未来。本课以花为主线，通过体验式活动，让学生在实践中感悟合作不仅能更好地解决自己的问题，也能帮助他人解决问题，同时创新思想和方法，体会合作的快乐，共享成功的喜悦，为他们建立良好的人际关系打下基础，促进其身心健康成长。

◎ 活动目标

1. 认知目标：在活动中感悟合作的重要性。
2. 情感目标：在活动中体验团结合作带来的喜悦，培养合作意识。
3. 行为目标：通过活动感悟、总结合作的技巧，并运用到实际生活中。

◎ 活动重难点

1. 在活动中体验成功的喜悦，培养合作意识。

2.通过活动感悟合作的方法和态度，从而提高与人合作的能力。

◎ 活动对象

小学中高段学生

◎ 活动准备

每人2张"自我之花"（见资料附录）、每人一把剪刀，6人一组，围成圆形坐；36朵写有学生名字的自制带杆玫瑰花；6个广口瓶（瓶口容许一朵自制玫瑰花通过，且能装下6朵自制玫瑰花）。

◎ 活动过程

一、暖身阶段

活动：花之初现

1. 时间：5分钟。

2. 准备：每人2张"自我之花"、每人一把剪刀。

3. 活动方法：

都说我们是祖国的未来，是沐浴在阳光中的花朵，让我们一起剪出自我之花。

（1）将左手背在身后，右手剪出代表自己的花。

（2）分享：在活动过程中你遇到了什么？有什么应对方法？

（3）2人一组，一个人拿着1张"自我之花"，另一个人剪。

（4）分享：对比两次剪花，你的心情如何？有何感受？

4. 小结：在毫无帮助的情况下，我们要单手剪出我们的花朵是有困难的，我们希望有他人的帮助，相互合作共同完成任务。合作真的很重要，不仅能够成功完成一些看似不可能的任务，还能带给我们快乐。今天就让我们一起走进合作力的探索中，让我们每一朵花儿都能陶醉在合作的阳光中。

【设计意图】通过活动活跃气氛，激起学生的兴趣，引出本课主题，让学生们意识到合作的重要性。

二、转换阶段

> 活动一：花的困境——初探

1. 时间：8 分钟。

2. 准备：学生 6 人一组，围成圆形坐，每组一个广口瓶，里面倒放 6 朵自制玫瑰花。

3. 活动方法：

在我们的人生旅途中，总会遇到一些困境，就像瓶子中的花朵一般，我们要如何一起合作走出困境呢？

（1）每人拿着一支玫瑰花杆。

（2）用最短的时间，取出所有玫瑰花，最快完成的小组获胜。

（3）全程不能有语言交流。

（4）分享：活动过程中，你的心情如何？有什么感受？怎样才能快速地完成任务？

4. 小结：感谢同学们的踊跃分享，让我们发现合作也是需要技巧的，需要沟通、分工及配合等，不妨让我们再一次尝试，看看我们的发现是否给我们带来更好的效果，一起继续尝试合作，发现更多的合作技巧。

【设计意图】当活动过程中缺少交流与沟通、分工与配合时，学生能认识到合作是要讲究方法与技巧的，激发他们对合作方法探索的欲望。

> 活动二：花的困境——再遇

1. 时间：10 分钟。

2. 准备：学生 6 人一组，围成圆形坐，每组一个广口瓶，里面倒放 6 朵自制玫瑰花。

3. 活动方法：

再次面对困境的你们又会怎样呢？

（1）每人拿着一支玫瑰花杆。

（2）用最短的时间，取出所有玫瑰花，最快完成的小组获胜。

（3）活动前有 2 分钟的讨论时间。

（4）讨论分享：

①与之前的合作相比你们有何进步？

②有何感受？

4.小结：在刚才的活动中，同学们非常投入，讨论出了适合你们组的合作方法，也让大家看到了相互谦让、尊重、等待等，这些能帮助我们更快地完成任务，让我们的合作更加精彩。

【设计意图】通过活动让学生初步体验合作，在活动过程中充分交流与沟通、分工与配合，让学生认识到合作是要讲究方法与技巧的，激发他们对合作方法探索的欲望；再进一步体验、尝试、固化所学，掌握提高合作力的方法。

三、工作阶段

活动：花的精彩

1.时间：12分钟。

2.准备：写有姓名的玫瑰花。

3.活动方法：

命运总是掌握在自己的手中，看看现在我们手中的花，它代表了我们中的一位同学，它是属于谁的呢？嘘，请保持神秘，不要告诉任何人，我们轻轻地扒开花蕊，看看上面的姓名。我们要如何快速地找到属于自己的花，并将手中的这朵花送还给它的所有者？

（1）以小组为单位合作寻找自己的玫瑰花。

（2）小组讨论分工合作。

（3）分享：活动中你的任务是什么？你的心情和感受如何？

（4）讨论分享：合作的技巧。

4.小结：在刚才的活动中，大家的合作更为顺畅，大家的表现也更为精彩。无论是协商分工，还是面对分歧时的积极沟通、相互谦让，面对突发问题时的相互支持，面对遗憾时的相互鼓励等等，这些都深深地打动了大家。

【设计意图】通过活动学生再次实践体验，引起学生的反思，归纳合作的有效途径。

四、结束阶段

活动：花的陶醉

1.时间：5分钟。

2.活动方法：

（1）在互助合作的过程中，我看到你们逐渐展开的笑脸，感受到大家都有所收获，老师也很欣慰。如果用一个姿态展现你们未来沉浸在合作中的状态，会是怎样的呢？

（2）拿着自我的玫瑰花，摆一个 pose 展示未来合作中自己的状态。

（3）分享活动感悟。

3.小结：合作就是个人与个人、群体与群体之间为达到共同目的，彼此相互配合的一种联合行动、方式。需要我们积极主动地参与，相信有我们的共同努力，我们定能在阳光中陶醉。

【设计意图】引导学生用自己的肢体和言语表达自己的所获。

◎ 板书设计

阳光中的陶醉

积极配合　合理分工　合作力　相互鼓励　相互谦让　齐心协力……

◎ 活动反思

在平时的教学和咨询中发现，很多学生在面对问题时自我中心现象明显，难以踏出合作的步子，合作过程也一言难尽。本次辅导以学生当下面临的实际问题而设计实施，以花为主线，采用学生喜欢的体验式活动教学，学生的参与性高。在辅导活动中我们要注意以下问题：

1. 在画玫瑰花的活动中，若班级有左利手的同学，可让其用左手剪花；

2. 每个活动的时间限制要把控好；

3. 部分学生对活动比较沉浸，教师要注意引导，落脚到他们的感悟，通过成员的共同交流，分享个人体验，从而提升他们的合作意识。

◎ **资料附录**

自我之花

◎ **推荐电影**

《虫虫危机》

图书在版编目（CIP）数据

种子奇旅：中小学积极心理教育课程/李章红，陈
玲主编. --重庆：重庆大学出版社，2024.8.--ISBN
978-7-5689-4575-2

Ⅰ.G444

中国国家版本馆CIP数据核字第202487T1S0号

种子奇旅：中小学积极心理教育课程

ZHONGZI QILÜ: ZHONGXIAOXUE JIJI XINLI JIAOYU KECHENG

主　编　李章红　陈　玲
副主编　段　宇　余姝伶
策划编辑：王　斌

责任编辑：敬　京　　版式设计：张　晗
责任校对：邹　忌　　责任印制：赵　晟

*

重庆大学出版社出版发行
出版人：陈晓阳
社址：重庆市沙坪坝区大学城西路21号
邮编：401331
电话：（023）88617190　88617185（中小学）
传真：（023）88617186　88617166
网址：http://www.cqup.com.cn
邮箱：fxk@cqup.com.cn（营销中心）
全国新华书店经销
重庆长虹印务有限公司印刷

*

开本：720mm×1020mm　1/16　印张：13　字数：206千
2024年8月第1版　2024年8月第1次印刷
ISBN 978-7-5689-4575-2　定价：59.00元